KB088649

그리고 우리가 남았다

과로사·과로자살 사건에 부딪힌
가족, 동료, 친구를 위한 안내서

한국과로사·과로자살유가족모임 지음
한국노동안전보건연구소 기획

나름북스

그리고
우리가
남았다

들어가며

우리는 과로사·과로자살 유가족들의 모임이다. 2017년 7월 1일 첫 모임을 시작으로 20여 가족이 모임에 함께하고 있다. 과로사 유가족과 과로자살 유가족의 비율은 반반이다. 모임 참여자는 대부분 30~50대의 여성이고 남성은 5% 정도다. 유가족을 지원하는 관련 전문가들도 모임에 참여한다. 모임에서는 산업재해 승인 등을 위해 과로사와 과로자살을 공부하고, 심리 치유를 도모하며, 궁극적으로 과로사와 과로자살 문제가 결코 간과해서는 안 될 사회문제라는데에 공감하고 있다.

모임에서 '과로사·과로자살 사건에 부딪힌 가족, 동료, 친구를 위한 안내서'를 만들어보자는 의견이 나오고 함께 작업에 착수하게 된 것은 무엇보다 유가족모임에 참여하는 이들 모두가 느낀 '황망함' 때문이다. 많은 논의 끝에 첫 장의 제목을 '과로사·과로자살이라는 암초'라고 지었다. 넓은 바다를 평화롭게 누비던 배가 깊이 잠겨 보이지 않던 암초에 부딪혀 갑작스럽게 침몰하는 것처럼 과로사와 과로자살도 평온하던 일상에 갑작스럽게 닥쳐 삶을 무너뜨린다. 모든 죽음이 그렇겠지만, 과로사나 과로자살은 일하던 사람의 갑작스러운 죽음이기에 충격이 훨씬 크다.

가까운 사람을 과로사·과로자살로 잃은 유가족, 동료, 친구들은 인생에서 갑작스레 맞닥뜨린 과로죽음이라는 거대한 암초 앞에서 허둥지둥하게 된다. 정신없이 장례를 치르고 나면 멍해진다. 일하다 죽었으니 산업재해로 인정받아야 할 텐데 어떻게 할지도 누구를 만나야 할지도 모른다. 회사에 찾아가야 할지, 노무사나 변호사를 찾는 것이 좋을지 모르거나 부담스럽다. 이전까지는 과로가 뭔지, 산업재해가 뭔지, 일 때문에 죽을 수도 있는지 생각조차 못했던 가족, 동료, 친구들은 가까운 이를 과로사·과로자살로 잃은 뒤 완전히 새로운 세상을 만난다. 그 세상은 가까이에서 나를 지지하던 사람, 문제 해결을 의논하고 함께 결정하던 사람이 사라진 황량한 세상이다. 가까운 자의 과로죽음에 관해 누구와 진심으로 이야기할 수 있을지 막막할 뿐이다.

　다른 산업재해 사고 사망과 마찬가지로 쉽게 동정의 대상이나 불운의 상징이 되는 과로사·과로자살은 결국 개인의 문제로 돌아간다. 특히 과로사·과로자살 사건 이후 남겨진 사람들은 공통으로 자책한다. 일이 너무 힘들었던 건 아닌지, 그만두라고 먼저 말했어야 했는지 등 과로죽음을 막지 못했다는 죄책감에 괴로워한다. 생활 영역에서도 부수적인 갈등이 생기는데 가족과의 갈등, 이웃의 시선이 대표적이다. 유가족 중에는 남편에게 얼마나 관심이 없었으면 그렇게 죽도록 내버려 두었느냐는 시부모의 비난을 받은 경우가 있다. 가족이 죽을 정도로 일하는 걸 어떻게 몰랐느냐는 이웃의 뒷말을 전해 듣기도 했다. 심지어 '왜 그런 험한 일을 시켜서', '평소에 건강 좀 잘 챙겨주지 그랬냐'와 같은 비난에 부닥치기도 한다. 이런 갈등 때문에 엄청난 자괴감을 겪으며 사회적 고립을 자처하는 사람도 생긴다.

　이때 같은 문제를 겪고 있는 사람들과 감정, 노하우를 공유하는 것이 가장 중요하다. 관련 지식을 나누며 필요한 정보를 얻을 뿐만 아니라 마음을 나눌 수 있기 때문이다. 고통과 갈등이 나만의 문제가 아님을 안다면, 그리고 자책이나 사회적 시선을 현명하게 해결할 방법을 공유한다면 큰 위로가 될 것이다. 이 안내서의 필자들은 황량한 세상을 먼저 견뎌왔던 가족들이다. 우리의 경험을 기반으로 과로죽음 이후 대응 방법을 전달해 과로사·과로자살 이후 남겨진 사람들에게 실질적인 도움이 되고 싶다. 행정, 사법절차에 대한 안내에서 더 나아가 우리의 마음, 감정에 관해 이야기하고 과로죽음 이후 남겨진 사람들과 마음의 교류도 하려 한다.

안내서를 만들기로 한 데에는 다른 이유도 있다. 죽음을 받아들이는 것만도 벅찬 과로사·과로자살 유가족들은 과로죽음을 맞이한 순간부터 과로 때문에 죽었다는 사실을 사회와 직장으로부터 인정받기 위해 기나긴 과정을 겪는다. 일하던 현장에서 발생하는 사고성 재해와 달리 과로사·과로자살은 사고가 일어난 후에 죽음의 업무 관련성을 증명해야 한다. 그런데 이 과정에서 남은 가족이나 동료, 친구들은 존중받지 못한다. 오히려 매 순간 남은 사람들을 긴장시키고 정서적으로 괴롭혀 높은 스트레스를 주는 과정이다. 행정 절차 안에서 관계자들의 말에 상처받기도 하고, 사회적으로 낙인찍힐까 두려워하기도 하며, 무수히 복잡한 과정에서 자신을 보살필 시간을 갖지 못한 채 탈진에 이르기도 한다. 이런 상황에서 과로사·과로자살 유가족들은 슬픔뿐 아니라 울분에 휩싸인다.

사랑하는 가족이 일하다 죽은 것도 억울한데 왜 사람들로부터 손가락질받으며 숨죽여야 하는가? 죽음의 원인이 과중한 노동임이 명백한데 슬퍼할 힘도 없는 내가 왜 고인의 노동시간을 추적하고 업무 스트레스를 조사해야 하나? 고인이 늘 밤늦게까지 일한 것을 잘 알면서 무엇을 어떻게 더 증명하라는 걸까? 우리 가족에게 이런 일이 벌어지기 전에도 수없이 많은 사람이 일하다 죽었다는데 왜 세상은 아무 일 없는 듯 돌아가고 있나? 이런 의문이 머릿속을 휘감으며 울분을 토하게 된다. 분노라는 말로는 모자라다. 표준국어대사전에 따르면 울분이란, '답답하고 분함 또는 그런 마음'이다. '이런 처사는 부당하다'는 생각이 지속되면서 감정적 고통이 격화하고 '세상은 공정해야 한다'는 기대감과 '실제 세상은 공정하지 않다'는 자기 경험 사이에서 인지부조화를 느끼며 비롯된 격적적인 감정이다. 이 울분을 가까운 사람의 죽음을 통해 배우는 기막힌 현실이 과로사·과로자살 가족이 처한 상황이다.

과로죽음 이후 이를 업무상 재해로 인정받기 위해 치열하

게 싸워야 하는 남겨진 이들의 울분을 자세히 밝히고 개선
방향을 제시해, 과로죽음 이후 처리해야 하는 절차와 과정
이 조금이라도 나아지기를, 과로사·과로자살에 대한 사회
의 시선이 조금이라도 바뀌기를 바라는 마음도 이 책에 담
겼다. 다시는 과로죽음이 생기지 않기를 바라지만, 비슷한
일을 겪게 될 유가족, 동료, 친구들이 있다면 우리보다는 덜
분노하기를 바라며, 조금 더 존중받기를 바라며 이 책을 내
놓는다.

세월호 참사 이후 유가족, 생존 가족들이 모여 목소리를
내면서 우리 사회에 처음으로 '재난 참사 피해자의 권리'에
대한 관심이 생겨났다. 그 이전에도 수많은 국민이 사회적
참사에 따른 피해를 겪어왔지만, 그들의 고통에조차 충분
히 귀 기울이지 못했던 이 사회는 '피해자의 권리'에 대해서
는 더욱 생각지도 않았다. 하지만 세월호 참사 이후 참사와
그 피해를 인권의 관점으로 이해하고 나누기 위한 노력이
다양하게 시도됐고, 그 결과 중 하나로 '존엄과 안전에 관한
4.16 인권선언' 및 '재난 참사 피해자의 권리'가 선언되기에
이르렀다. 재난 참사 피해자의 권리는 무엇보다 재난 참사
피해자가 권리의 주체임을 강조한다. 그저 운 나쁘거나 불

쌍한 사람이 아니라, 참사와 관련된 문제를 드러내고 해결하는 주체로 보아야 한다는 것이다. 재난 참사 피해자의 권리는 참사를 당하고 난 뒤, 사건 현장 및 사고 순간에서 '살아나올 권리'부터 생존자와 그 가족, 실종자와 그 가족, 희생자와 그 가족, 구조 및 지원활동에 참여한 사람들의 권리를 모두 포함한다. 나아가 진실, 정의, 안전, 회복, 기억에 대한 권리까지 참사 피해자의 권리다. 참사의 진실이 충분히 밝혀지고, 마땅히 책임져야 할 사람에게 합당한 처벌이 내려지는 과정은 피해자들이 정의를 경험하는 과정이 된다. 이런 과정은 피해자뿐 아니라 재난 참사를 목격한 사회 구성원들이 최소한의 사회에 대한 신뢰를 다시 쌓을 근거가 된다.

같은 권리를 과로사 · 과로자살 유가족에게도 적용할 수 있을 것이다. 과로사 · 과로자살 유가족은 특히 정의의 권리에 대한 욕구가 커진다. 재난 참사의 책임자가 간접적이고 폭넓은 데 비해 산업재해인 과로사나 과로자살은 명백한 사고 책임자가 있는 경우가 많고, 이런 구조를 방치한 채 회사를 경영해 경제적 이익을 얻고 있는 사람이 분명하다. 그러니 과로사 · 과로자살 피해자 및 가족에게도 안전하지 않은 일터를 그대로 운영한 자들이 잘못을 인정하는 '사과'를 하고 그 죽음이 과로사·과로자살임을 인정하는 것에서 온전한 회복과 애도가 시작될 수 있다. 책임 있는 사과를 받고, 바로 그 책임 있는 자에게 '다시는' 이런 일이 재발하지 않도록 대책을 요구하는 것이 정의와 회복의 권리에서 중추가 될 것이다. 이 책이 과로죽음에 맞닥뜨린 가족, 동료, 친구들의 권리가 진정으로 바로 서는 데 도움이 되길 바란다.

마지막으로 우리는 우리가 겪었던 슬픔과 울분의 과정을 함께 돌아보고 이를 글로 정리하며 우리와 비슷한 고통을 겪는 다른 이들을 도우려는 작업이 우리 자신을 도울 것이라 믿는다.

우리는 이제 다시는 이전으로 돌아갈 수 없는 상실을 겪었지만, 살아남았고 앞으로도 살아갈 것이다. 애도조차 쉽지 않고 치유는 너무 멀게 느껴지더라도 회복되어야 한다. 회복이 이전과 같아지는 걸 의미하지는 않는다. 누군가는 '음식을 만들어 먹으며 함께 웃던 가족의 빈자리는 회복될 수 없지만, 음식을 만들어 먹으며 누군가와 함께 웃을 역량은 회복할 수 있다'고 표현했다. 우리는 회복을 위해 노력할 것이고 다른 사람들을 적극적으로 지지하고 지원할 것이다. 끝이 어딘지 모를 깊은 우물에서 물을 길어 올리듯 우리의 고통과 상실에서 교훈과 이야기를 길어 올리고, 이를 다른 사람들과 나누어 아픔을 덜어줄 수 있을 때 우리는 비로소 회복의 방향으로 한 걸음 나아간 것이리라.

다만, 이 책은 현재 '한국과로사·과로자살유가족모임'에 참여 중인 가족 일부의 경험에 기반한 것이다. 여기에 미처 담지 못한 과로사·과로자살 유가족들의 다양한 이야기가 훨씬 더 많으리라 생각한다. 이 책이 마중물이 되어 가까운 사람의 과로죽음 문제를 애써 외면하고 있는, 혹은 홀로 해결하기 위해 고군분투 중인 더 많은 목소리가 서로 어울려 나오길 기대한다.

제1장

과로사·과로자살이라는 암초

1.
과로를 어떻게 정의할까

과로사·과로자살에 대한 사회적 관심이 늘고 있다. 가족의 과로사·과로자살 사건의 원인을 어렵게 밝히고 이를 단순한 죽음이 아닌 산업재해로 인정받기까지 고군분투했던, 그리고 이들을 지지하고 지원했던 유가족이나 관계자인 우리의 입장에서는 반갑기도 하고 안타깝기도 하다.

최근 미디어 등을 통해 종종 접하는 과로죽음, 곧 과로사와 과로자살이라는 개념을 어떻게 이해할 수 있을까. 과로사·과로자살이란 과로에 의한 죽음, 과로에 의한 자살이다. 하지만 이런 설명은 동어반복에 불과하다. 과로를 어떻게 정의할 것인가, 어느 정도의 인과성을 '과로에 의한' 것으로 볼 것인가 등의 질문이 연달아 제기될 수밖에 없기 때문이다. 자본주의가 이미 노동자의 과도한 노동을 포함한다면 과로는 자본주의의 핵심 원리라고 할 수 있다.[1] 그렇다면 '어떤' 과로가 문제가 되며 대체 '어느 정도'가 '과도한' 노동이 되는 걸까?

과로사 혹은 과로자살이라는 말에 누구에게나 떠오르는 이미지가 있을 것이다. 사무실 한 귀퉁이에 간이침대를 들여놓고 병원에서 기거하다시피 하던 응급실 의사의 죽음, 고객 접대를 위해 매일 술자리를 갖다 어느 날 일어나지 못한 중년 영업 직원, 업무 마감 기간에 집중적인 초장시간 노동을 하다 쓰러진 젊은 게임 프로그래머, 이전만큼 나오지 않은 성과 때문에 낮은 평가와 강등 혹은 비인간적인 대우에 시달리다 스스로 목숨을 끊은 금융회사 직원 등. 각각의 이미지가 한국사회의 과로사나 과로자살을 잘 대표하는지 논란이 있을 수 있지만, 과로사, 과로자살이라는 용어는 분명 우리 사회에 통용되고 있으며 공유하는 이미지 또한 있다. 하지만 이를 면밀하게 정의하기는 쉽지 않다.

---

1   전주희, 「과로자살의 사회적 인정과 배제를 넘어」, 2018. https://en-movement.net/203

과로사의 탄생

세계에서 가장 먼저 과로사, 과로자살이라는 용어를 사용한 나라는 일본이다. 1969년 12월 23일 아사히신문 발송부에서 근무하던 다케바야시 카츠요시竹林勝義 씨가 숙직실에서 지주막하출혈, 즉 뇌졸중으로 사망한 채 발견되었다. 향년 29세였다. 당시 동료들이 업무가 과중했다며 산재 인정을 요구해 이 사건은 업무상 돌연사를 재판에서 다툰 최초의 사건이 되었다. 다케바야시 씨의 교대근무는 매우 불규칙했다. 야간근무는 새벽 4시 반에 끝났고, 오전 10시에 출근하는 패턴이라 잠을 제대로 자지 못했다. 이 사건은 당시의 관할 노동기준감독청과 노동자재해보상보험심사관 모두에서 업무상 재해로 인정받지 못했지만, 이후 1974년 7월 노동보험심사회에 재심사를 청구해 업무상의 사유에 의한 사망으로 인정받았다. 당시 이 사건을 의뢰받은 임상의 호소카와 미기와細川汀는 '과로로 인해 급성 사망했다過労によって急性死する'라고 의견서에 분명히 적었다.

이후 1970년대에 야간·교대근무자, 언론사, 건설과 영업 직군에서 업무상 뇌심혈관질환 혹은 심장질환으로 사망하는 사건이 연이어 발생하자 1970년대 중반부터 산업의들이 과로사라는 말을 사용하기 시작했다. 예컨대 1978년 일본산업위생학회총회에서는 순환기 질환 17가지의 발병 사례가 처음 과로사로 보고되었다.[2] 그리고 산업재해와 직업병 문제를 연구하던 의사 우에하타 테츠노조上畑鉄之丞, 호소카와 미기와, 타지리 순이치로田尻俊一郎가『과로사: 뇌·심장계질환의 업무상 인정과 예방過労死: 脳·心臓系疾病の業務上認定と予防』이라는 책을 1982년 출판함으로써 과로사라는 용어를 사회에 알렸다. 이때부터 돌연사 혹은 급성사로 부르던 업무 과중에 의한 뇌심혈관질환이 사회의학적 용어로서 과로사라고 불리기 시작했다.

한편, 1980년대 들어 일본사회의 과로사 문제가 심각해지자 법조계에서도 과로사라는 용어를 적극적으로 사용하기 시작했다. 1988년 6월 변호사들을 중심으로 '과로사110번전국네트워크'가 설립되었다. 이 네트워크는 과로사와 관련해 전문가와 상담할 수 있는 연락망을 전국에 알리는 운동이었다. 제1회 일제 전화상담은 언론에 크게 보도되었고 과로사의 심각성이 일본사회에 극명하게 드러났다. 이 네트

---

2   上畑鉄之丞,『過労死の研究』, 日本プランニングセンター, 1993, p18.

워크가 생긴 후 1년간 과로죽음과 관련된 상담이 1,000건을 넘을 정도였다.

과로자살이라는 용어는 과중한 업무와 자살의 인과성을 법원에서 최초로 인정한 1996년 이후 일본사회에 자리 잡기 시작했다. 1991년 8월 27일 광고회사 덴츠電通에 입사한 지 1년 5개월 된 사원이 자택에서 자살했다. 24세의 젊은 나이였다. 덴츠의 라디오국에서 근무하던 그는 일요일에도 늘 출근했고, 근무한 1년 5개월 동안 사용한 연차는 반나절뿐이었다. 1991년 1월 이후 사흘에 한 번은 새벽 2시가 지나서 퇴근했고, 새벽 4시 이후 퇴근도 6일에 한 번꼴이었다. 그의 한 달 잔업시간(초과근로시간)은 147시간에 달하는 것으로 추정되었다. 유가족은 회사 측에서 강요한 장시간 근로로 우울증이 발생했다고 주장하며 회사에 손해배상을 청구했고, 1996년 3월 28일 도쿄지방법원은 자살도 과중한 업무와 관련이 있음을 처음으로 인정하며 안전배려의무를 위반한 회사에 책임이 있다고 판결했다.3 1996년 4월, 과로

---

3 이후 1997년 9월 고등법원에서 손해배상액 30% 감액을 판결했으나, 2000년 3월 24일 최고재판소는 덴츠의 책임을 명확히 인정하며 고등법원 판결을 취소했다.

사110번전국네트워크가 '자살과로사110번'을 기획해 전국 일제 상담으로 과로로 인한 자살을 인식하게 했고, 1998년 4월 가와히토 히로시川人博 변호사가 펴낸 『과로자살過勞自殺』은 사회법률적 용어로서의 과로자살을 사회에 알렸다.

이후 일본사회 내에 과로사와 과로자살 문제가 적극적으로 제기되었고 2002년 옥스퍼드 사전에 과로사의 일본어인 과로사過勞死, 즉 카로시Karoshi라는 단어가 고유명사로 처음 등재되기에 이르렀다.

그러나 이처럼 과로사, 과로자살이라는 용어를 처음 사용한 일본에서도 오랫동안 사회적으로 활용했을 뿐, 법률적 혹은 의학적 용어로 명확히 인정받지는 못했다. 장시간 노동이나 과밀노동 등 업무에서의 과중한 육체적·심리적 부하를 원인으로 뇌혈관질환, 심장질환, 정신장애 등으로 죽음에 이르게 된 경우를 과로사 혹은 과로자살로 통용해 불렀을 뿐이며 산업재해로 인정할 때는 '뇌혈관질환 및 허혈성심장질환 등의 인정 기준', '심리적 부하로 인한 정신장애 등과 관련된 업무상 외 판단지침'이라는 후생노동성 노동기준국장 통지를 기준으로 이루어졌다.

사회적 용어로서의 과로사

한국에서도 과로사와 과로자살은 법적·의학적 용어가 아닌 사회적 용어로 쓰이는데, 다만 산업재해로 인정되는 질환 중 뇌심혈관계 질환들이 주로 과로와 관련되어 있으므로 일본과 비슷하게 '뇌혈관 질병 또는 심장 질병 및 근골격계 질병의 업무상 질병 인정 여부 결정에 필요한 사항'이라는 고용노동부 고시 등을 기준으로 과로재해로서 과로사와 과로자살을 인정하고 있다.

이웃 나라 일본의 과로사 방지 운동에 영향을 받아 한국에서도 1980년대 중후반부터 과중한 업무와 사망과의 인과성을 인정하는 사례가 나오기 시작했다. 대표적인 판결이 1986년 9월에 있었다. 대법원은 "기존 질병이 있는 근로자가 그의 평상 업무 내용에 비하여 질적, 양적으로 정도가 현저하게 지나친 과중한 업무수행으로 말미암은 과로로 지병이 악화되어 사망한 것이라면 그의 사망과 업무수행 사이에 인과관계가 있다고 볼 것이고 이와 같이 사망에 이른 질병 발생의 원인이 과중한 업무수행으로 말미암은 과로에 있었던 이상 그의 발병 및 사망 장소가 사업장 밖이었고 업무수행 중에 발병, 사망한 것이 아니라는 사실은 위 근로자의 사망을 업무상의 재해로 보는데 지장이 될 사유가 못 된다"[4]라고 판시했다.

1990년대 초에는 미디어에 과로사라는 용어가 등장했다. 특히 일본 과로사유가족모임 결성 등 일본의 과로사 방지 운동과 관련한 보도에서 여러 언론이 일본어인 過勞死를 한자 그대로 과로사라고 번역해 기사화했다. 학계에서도 90년대 초중반 과로사라는 용어를 직접 사용해 다양한 연구가 진행되었으며,[5] 1993년에는 노동계와 관련 법률가들이 모여 과로사상담센터를 개설함으로써 한국사회에 과로사라는 용어를 적극적으로 알렸다.

한편, 과로자살이라는 말은 최근에야 널리 사용되기 시작했다. 물론 90년대 초중반 일본의 과로자살을 보도하는 기사를 통해 '과로로 인한 자살'이라는 개념이 조금씩 알려졌

≡

4   대법원 1986. 9. 23. 선고 86누176 판결 [유족급여및장의비부지급처분취소], 종합법률정보 판례.

5   1993년 고려대학교 의과대학 문국진 명예교수는 '과로사의 법의학적 측면'이라는 연구논문에서 과로사의 40가지 조짐을 제시했다. 1996년 당시 노동부 산하 산업보건연구원의 박정선 박사는 '과로사(의학명 돌연사) 관련 연구'에서 유족급여가 신청된 산재사망 근로자의 질병사 중 과로나 직업성 스트레스 등으로 인한 뇌혈관, 심장질환 사례를 조사 발표했다. 이는 과로사에 관한 체계적인 연구 결과로 크게 보도되었다.

고, 자살과 과중한 업무의 인과성을 주장하는 사건도 90년대 초반부터 여럿 나타났다. 자살을 업무상 재해로 인정한 최초의 판결로 평가되는 1993년 대법원 판결에서는 "망인의 사망이 비록 자살에 의한 것이라 하더라도 업무상의 질병인 진폐증의 증상이 악화되어 그로 인한 정신적인 이상증세를 일으켜 자살에 이르게 된 것으로 봄이 상당하다"[6]라고 판단했다. 물론 과로자살이라는 단어를 직접 사용하지 않았지만, 자살과 과중업무와의 인과성 문제는 지속적으로 제기되었고 2008년 7월 산업재해보상보험법 전면개정과 함께 시행령을 통해 자살과 업무와의 관련성이 법제화되었다. 한편, 2014년 일본의 과로사방지법 제정소식이 알려지면서 일본에서 통용되는 과로자살이라는 말이 한국사회에 정확히 소개되었으며, 이후 일본의 과로죽음 관련 전문가들을 초청해 진행한 강연회, 2019년 『과로자살』의 한국어판 출간 등을 계기로 과로자살이라는 용어가 우리 사회에서도 쓰이게 되었다.

---

6   대법원 1993. 10. 22. 선고 93누13797 판결 [유족보상금지급청구부결처분
     취소], 종합법률정보 판례.

결국, 일본에서나 한국에서나 과로사 인정 기준, 과로자살 인정 기준이 법령에 명확히 존재하는 것은 아니다. 과로사라는 진단명, 과로자살이라는 진단명도 공식적으로는 존재하지 않는다. 과로사 혹은 과로자살이라는 진단이 따로 있지 않기에 어떤 사망, 특히 뇌심혈관질환이나 자살로 인한 사망의 원인이 과로, 과중한 업무, 업무상의 부담 때문이라면 그 죽음은 과로사 혹은 과로자살이라고 이름 붙이는 것이다. 사망 시 진단은 급성심근경색, 뇌경색, 뇌출혈, 급성심부전 등 다양할 수 있고, 간혹 부검까지 해도 사인 미상일 수 있다.

　모임에 참여하는 유가족 중에는 사체 검안을 한 의사가 '급성심근경색'이 의심된다고 하자, '과로사가 분명한데 왜 급성심근경색이냐'라고 울며 따진 경우도 있다. 과로사는 진단명이 아니라는 것을 잘 몰랐기 때문이다. 이 유가족의 긴 노력 끝에 급성심근경색의 원인이 과로라는 것이 결국 밝혀지고 과로사로 산재 승인되었다. 즉, 과로사 여부는 사망 순간에 결정되는 것이 아니라 사망의 원인이 드러나야 결정되는 것이고, 그런 의미에서 의학적인 정의라기보다 사회적이고 법적인 개념이다.

그런데도 일본 시민사회는 과로죽음을 둘러싼 문제를 꾸준히 제기했고 결국 노동관계법령상 최초로 시민운동을 통해 2014년 '과로사 등 방지대책 추진법'(이하 과로사방지법)이 제정되는 데 기여했다. 과로사방지법은 과로자살을 포함한 과로사의 개념을 정의했고 과로사·과로자살을 줄이기 위한 국가의 의무를 규정했다. 또한 '과로사 등'을 '과중한 업무상의 사유로 인하여 발생하는 근로자의 사망 및 자살, 질병 또는 장애 등'으로 규정하고 있다. 이 법에 따르면 과로사에는 크게 ① 과로로 인하여 발생한 뇌심혈관계 질환과 그로 인한 사망, ② 과로로 인하여 발생한 정신장애와 그로 인한 자살이 포함된다. 이처럼 '과로사'에 대한 정의를 법률에 규정했다는 점에서 큰 의의가 있지만, '과로'에 대한 정의는 여전히 없는 셈이다.

장시간 노동, 부담스러운 노동, 가혹한 노동

그렇다면 일본과 한국에서 과로사로 승인된 사례를 통해 어느 정도의 과중한 업무를 과로로 보는지 짐작해볼 수 있을 것이다. 일본에서 과로사로 승인된 사례를 살펴보면, 뇌심혈관질환의 경우 사망 전 2~6개월 동안 매달 평균 초과

근무가 80시간 이상인 것이 대부분이다.[7] 주당 법적인 노동시간이 대략 40시간이라고 할 때, 월 초과근무 시간이 80시간이라면 주당 노동시간 60시간을 넘어서는 수준임을 알 수 있다. 한국에서도 뇌심혈관계 질환 및 그로 인한 사망과 관련해 산업재해로 승인할 것인지를 규정한 고용노동부 고시[8]가 있는데, 3개월을 평가해 주당 노동시간이 60시간 이상이면 업무 관련성이 강하고, 주당 노동시간이 52시간을 초과하며 업무 부담 가중요인이 있으면 업무 관련성이 증가한다고 본다. 노동시간을 중심으로 과로를 정의할 때 한국, 일본 사회가 인정하는 기준선은 대략 이렇다.

장시간 노동은 과로의 가장 대표적인 양상이다. 그러나 과로 여부는 노동시간만으로 따질 수는 없다. 질적인 측면에서 보면 업무와 관련해 큰 심리적 부담이 있는 경우도 과로에 해당한다. 한국 산업재해보상보험법의 업무상 질병 관련 인정 기준에서도 뇌심혈관질환의 경우 노동시간뿐 아니라 업무의 양·강도·책임 및 업무 환경의 변화 등에 따른 만성적인 과중한 업무를 육체적·정신적 부담 요인으로 본다. 예를 들어 무거운 물건을 들어 올리는 등 육체적인 노동강도가 높은 일이나 업무 집중도와 정신적 노동강도가 높은 업무는 같은 시간을 일하더라도 소모되는 신체적·정신적 에너지가 훨씬 크다. 정신적 긴장도가 높거나 회사에 중대한 손실을 초래할 수 있는 책임과 부담이 높은 업무 등도 여기에 해당한다. 특히 과로로 인한 정신장애나 자살은 노동시간의 양보다 업무상 부담의 영향력이 더 크다. 그러나 한국에서는 업무에 의한 심리적 부담을 정량적으로 평가하지 않아 질적인 측면에서의 과로는 사각지대에 있다.

같은 문제를 고민한 일본에서는 자살을 포함한 정신장애의 업무 관련성을 평가하기 위해 '업무에 의한 심리적 부하 평가표'를 마련해 두었다. 일본 후생노동성은 기존의 업무상 심리적 부하에 의한 정신장애 등에 대한 판단지침(1999)을 2011년 12월 '심리적 부하에 의한 정신장애의 인정 기준에 대하여'로 바꿨으며, 이 인정 기준의 별표1로 '업무에 의한 심리적 부하 평가표'를 두어 유형별 사건이 초래하는 심리적 부하의 강도와 구체적인 예를 기재했다. 실제로 일본에서는 해당 사안에서 발병 전 혹은 사망 전 약 6개월 사이에 있었던 업무 부하 정도를 표의 구체적 사건 중 어느 것에 해당하는지 판단해 심리적 부하 강도를 약·중·강으로 나누고 강으로 평가될 때 산업재해로 인정하고 있다. 후생노동성은 2020년 6월 파워하라power harassment, 즉 직장 내 괴롭힘의 방지대책이 법제화되고 파워하라의 정의가 법률상 규정된 점 등을 고려해 구체적 사건 유형에 '상사 등으로부터 신체적 공격, 정신적 공격 등의 괴롭힘을 받은 경우'를 추가하고 심리적 부하의 강도가 강인 사례를 구체적으로 나열해 표를 개정했다.

특히 '업무에 의한 심리적 부하 평가표'에는 심리적 부하가 '극도'라고 판단되는 '특별한 사건'을 지정했다. 생사가 관계되는 극도의 고통을 수반하거나, 업무상 질병이나 부상으로 노동력 영구 불능의 후유장해를 얻었거나,[9] 업무와 관련해 타인으로 인해 사망했거나, 업무와 관련해 타인에 의해 생사와 관련되는 중대한 부상을 당했거나,[10] 강간 등

---

[9]　이 경우 업무상 상병으로 6개월을 초과하여 요양 중 증상이 급변해 극도의 고통을 동반하는 경우를 포함한다.

성희롱을 당했거나, 발병 직전 1개월 동안 약 160시간의 초과노동을 한 경우 혹은 이에 못 미치는 기간에 이와 동일한 초과노동을 한 경우(예를 들어 3주간 약 120시간 이상의 초과노동을 한 경우)[11]가 그것이다. 물론 이처럼 특별한 사건이 아니어도 다양한 유형에 따라 심리적 부하를 약·중·강으로 판단하도록 구체적인 사건 예시를 제공하고 있다. 이 평가표는 1개월 동안 160여 시간의 초과노동이라는 지나치게 가혹한 기준이 문제로 지적되기도 한다. 자칫하면 그보다 초과노동이 조금이라도 적은 사건이 스트레스가 덜한 사건이라고 받아들여질 수 있기 때문이다. 그럼에도 불구하고 질적인 부분까지 적극적으로 고려해 과로를 정의하려는 시도는 우리에게 커다란 시사점을 준다.

과로의 정의에서 다른 한편으로 주목해야 할 점은 반드시 장시간 노동 등 과로가 있지 않았더라도 오늘날 일본에서나 한국에서나 과로자살이 사실상 '업무와 관련된 자살', '업무

≡

10   고의에 의한 경우는 제외된다.
11   휴식시간은 적지만 대기시간이 많은 경우 등 노동의 밀도가 특히 낮은 경우는 제외된다.

로 인한 자살'을 뜻하는 용어로 쓰인다는 점이다. 일본에서는 최근 장시간 근로하진 않았지만, 학생 지도에 심리적 부담을 느낀 고등학교와 중학교 교사가 자살하는 사건이 연이어 일어났는데 이는 '교사들의 과로자살 문제'라는 사회적 이슈로 떠올랐다. 그리고 초과 노동시간이 없음에도 상사의 성희롱, 무리한 요구 등의 압박 때문에 목숨을 끊은 비서 사건이 언론에 과로자살로 보도되었다. 한국에서도 평균적으로 주당 60시간이 넘는 장시간 노동을 한 것은 아니지만, 상사의 지시에 따라 야간 노동, 밤샘 노동을 하던 웹디자이너가 불규칙한 노동시간과 상사의 괴롭힘을 견디다 못해 자살했다. 세계적인 조선 산업 불황의 여파로 회사에서 구조조정 면담을 하던 중 압박을 견디지 못하고 자살한 관리직 노동자도 있다. 자살 전 1~2개월 동안 노동시간이 많이 증가하지는 않았다. 이런 사건들은 이미 언론을 통해 '과로자살'로 알려졌다. 우리 가족들 역시 이들의 자살을 모두 과로자살이라고 부르기로 했다. 일하다가, 일 때문에, 일터에서 주는 압박 때문에, 상사에게 받은 모멸감 때문에 발생한 자살을 '과로자살' 이외의 말로 표현할 길이 없어서다.

좋은 노동시간이란

　과로를 어떻게 정의할 것인가의 질문은 동시에 적절한 양의 일이란 무엇인가를 묻는다는 점에서 한국과 일본 양국이 지속해서 고민해야 한다. 국제노동기구(ILO)는 좋은 노동시간(Decent working time)을 다음과 같이 정의했다. 좋은 노동시간이란 일하는 사람이 건강해야 하고, 가족 친화적이어야 하며, 성별 평등을 증진해야 하고, 기업의 생산성을 높여야 하며, 노동자가 자신의 노동시간을 선택하고 영향력을 가져야 한다. 적절한 업무를 여기에 빗대어 생각해볼 수도 있을 것이다. 적절한 업무란 노동자가 일을 통해 건강을 유지하고, 가족 및 사회생활을 원활히 유지할 수 있으며, 기업의 생산성에도 도움이 되고, 노동자 스스로 노동시간이나 업무의 양과 속도에 영향력을 가질 수 있는 상태에서 이루어지는 업무다. 한 주에 55시간 일하는 것이 과로인가 아닌가 하는 것보다 지금 내가 혹은 그가 하는 일이 '적절한 업무', '좋은 업무'인지 묻는 것이 일과 관련된 우리의 감각을 조금 더 건강하게 만들어줄 것이다.

　과로사 · 과로자살 논의에 앞서 과로를 정의할 때 고려해야 하는 또 다른 문제는 과로의 주체를 산업재해보상보험 수급 대상자인 '근로자'로 한정하고, 과로를 정의할 때도 대상을 근로자로 제한해 논의하는 경향이 있다는 점이다. 이처럼 대상의 범위를 근로자로 좁히면 과로사·과로자살을 예방하기 위한 사업주의 의무와 책임을 좀 더 명확히 규정할 수 있기도 하다. 과도한 노동을 시키지 말 것, 적절한 휴식 시간을 제공할 것, 노동자 건강증진 프로그램을 도입할 것 등이 사업주가 해야 할 일들이다. 하지만 24시간 7일 내내 경제활동이 벌어지는 상황에서 과도한 업무라는 것은 비단 사업주에 의해 근로자에게 강요되는 것만은 아니다. 자영업자도 과로한다. 새벽부터 밤늦게까지 영업하는 동네 식당, 가게 사장들을 보라. 스스로 결정한 일이라고 해서 그들의 과중한 노동이 과로가 아니라고 할 수 있을까? 일찍 문을 닫거나 주말에 영업하지 않으면 손님을 빼앗길 수 있다는 압력 때문에, 혹은 프랜차이즈 가맹본부의 운영 규정 때문에 울며 겨자 먹기로 장시간 노동을 감내하는 자영업자의 노동도 과로로 평가돼야 한다. '위장된 자영업자'인 특수고용노동자들의 과로는 말할 것도 없다. 건당 수수료를 받는 임금 구조 탓에 주 60~70시간씩 배달을 강행하는 라이더, 택배 노동자들의 이야기는 이미 널리 알려져 있다.

사회적으로 강제된 과도한 업무를 하다 과로사 혹은 과로자살에 이르는 모든 사례는 고용 형태와 관계없이 과중한 업무에 따른 죽음이라는 측면에서 다뤄져야 한다. 따라서 이 책에서는 과로사·과로자살을 '장시간 노동 등 과중한 업무 부담 및 심리적 부담으로 인해 발생하는 모든 일하는 사람의 사망 및 자살'로 정의하고, 이때 장시간 노동 등 과중한 업무 부담 및 심리적 부담을 '일하는 사람이 건강을 유지할 수 없고, 가족 및 사회생활을 원활히 유지할 수 없는 정도의 업무'로 정의하려고 한다. 건강을 해치고 목숨을 잃는 결과를 낳기 전이라도 가족생활을 양보해야 하거나 원하는 만큼의 사회생활, 취미생활, 정치적인 활동을 할 수 없는 상황은 이미 '과중한' 업무로 봐야 한다. 주당 60시간 혹은 52시간 등과 같은 기준 대신, 일하는 사람이 건강을 유지할 수 없고 가족 및 사회생활을 원활히 유지할 수 없는 정도의 업무는 모두 과로라는 인식이 확산해야 과로사·과로자살과 같은 안타까운 죽음을 예방할 수 있다.

2.
과로죽음은 얼마나 많을까

우리는 이 책에서 과로사와 과로자살을 통틀어 과로죽음이
라고 부르려 한다. 과로사와 과로자살을 구별할 필요가 있
을 때는 따로 서술할 것이다. 뇌심혈관질환이나 자살 외에
과로로 다른 질병이 악화해 사망에 이르렀을 때도 과로죽음
이라고 볼 수 있겠지만, 아직은 많이 보고되지 않았으며 가
족 중에도 그런 사례는 없어 제외했다.

1 ‖ 과로사, 산업재해로서의 뇌심혈관질환

자연재해 때문에 긴급하게 야근과 휴일 근무를 반복하던 50
대 공무원의 과로사, 대형 로펌에서 일하던 30대 여성 변호
사의 과로사, 야근이 잦은 제약업체 연구소 20대 남성 직원

의 과로사 등 최근 접하는 일련의 과로사 사례를 보면 과로사는 더 이상 특정한 직업이나 연령, 성별에 한정되지 않고 사회 곳곳에서 일어나는 심각한 문제임을 알 수 있다.

그러나 앞서 언급한 대로 한국 정부는 여전히 과로사·과로자살의 정의를 내리지 못하고 있으며 과로사 통계를 따로 공시하지 않는다. 그래서 정확한 과로사의 수치를 알 수 없다. 다만, 통상 과로사로 일컫는 경우의 대부분이 뇌심혈관질환이므로 이와 관련해 과로사 규모를 짐작해볼 수 있을 뿐이다. 산업재해로 승인된 뇌심혈관질환 사례 중에는 심장이나 혈관에 영향을 미치는 화학약품 노출 후의 사망도 있지만, 대부분의 원인은 과로다. 따라서 산업재해로 인정된 뇌심혈관질환 사망자 숫자가 현재의 과로사 규모를 짐작할 첫 번째 지표다.

뇌심혈관질환은 뇌나 심장의 혈관이 막히거나 터지면서 갑자기 생명을 잃을 수 있는 여러 질병을 부르는 말이다. 뇌출혈, 뇌경색, 심근경색 등이 포함된다. 한국인의 사망 원인 중 2위가 심장질환이고 3위가 뇌혈관질환이다. 연령이 높을수록 발생 위험이 커지고 당뇨, 고혈압, 고지혈증 등이 있어도 위험이 커진다. 또한 과로라고 볼 수 있는 장시간 노동

이나 야간 교대근무, 높은 직무스트레스 등도 모두 뇌심혈
관계 질환 발생 위험을 높인다. 주당 근무시간이 55~60시
간을 넘으면 주당 40시간 근무할 때보다 심장질환이나 사망
위험을 1.5~2.3배 증가시킨다는 연구가 많다. 이러한 연구
결과를 기반으로 산업재해보상보험에서는 뇌심혈관질환 유
발이나 악화가 장시간 노동 등 과로와 관련이 있다면 산업
재해로 인정하고 있다. 최근 5년간 뇌심혈관질환 사망사건
중 업무상 재해로 승인받은 건수는 다음 표와 같다.

[표1] 뇌심혈관질환 사망 업무상 재해 승인 추이

연도	승인
2015	293명
2016	300명
2017	354명
2018	457명
2019	503명
2020(9월 말 기준)	369명

* 산업재해현황, 고용노동부, 2020. 9.

고용노동부 산재예방정책과에서 발표하는 '산업재해 현황'
에 따르면 뇌심혈관질환 사망 사건 중 업무상 재해로 인정받

은 건수는 최근 5년간 약 72% 증가했다. 과로사에 대한 사회적 인식이 높아지고 특히 과중한 업무로 인한 죽음도 업무상 재해라는 점이 널리 알려지기 시작하면서 업무상 재해로의 신청 건수 자체가 늘어난 것이 가장 중요한 원인이다. 그러나 이 통계에서 신청 건수는 알 수 없다. 과로사에 대한 국가 차원의 공식 통계는 고사하고, 과로사라고 가장 근접하게 이해할 수 있는 뇌심혈관질환 사망 사건에 대한 업무상 재해 신청 건수조차 체계적으로 집계되지 못하고 있다. 다만, 국회 환경노동위원회가 근로복지공단에 요구해 2020년 11월 제출받은 자료에 의하면 뇌심혈관질환 사망과 관련한 업무상 재해 신청 건수와 승인 건수는 [표2]와 같다.

[표2] 뇌심혈관질환 사망 업무상 재해 최초 1회차 신청 기준 신청/승인 건수 및 승인율

	2016년	2017년	2018년	2019년	2020년 10월
신청	577건	576건	612건	747건	571건
승인	150건	205건	266건	292건	235건
승인율	26.0%	35.6%	43.5%	39.1%	41.2%

* 근로복지공단

신청 건수의 경우 2016년 577건에 비해 2019년의 경우 747건으로 약 30% 증가했고 승인율 역시 대략 50% 늘었다

는 의미가 있다. 그러나 절대적인 승인율을 놓고 살펴보면 지난 2018년 과로의 판단기준을 개선해 2017년 35.6%에서 2018년 43.5%, 2019년 39.1%로 다소 늘었다 해도 여전히 절반 이상이 산업재해로 인정받지 못하는 실정이다. 물론 근로복지공단에서는 2018년부터 '추정의 원칙'을 도입해 뇌심혈관질환의 업무상 재해 승인이 쉬워지도록 하고 있다. 고혈압, 당뇨 등 기초 질환이 있더라도 과로가 충분히 인정되면 반증의 근거가 없는 한 업무상 재해로 승인하고, 인정기준을 충족하지 못했더라도 의학적 인과관계가 있으면 업무상 재해로 인정하는 것이다. 그러나 여전히 절대적으로 낮은 승인율은 과로사의 산업재해 신청을 주저하게 하고 이 때문에 많은 과로죽음이 여전히 숨겨져 있다.

게다가 위의 통계는 산업재해보상보험으로 보상받은 과로사만 포함한다. 공무원이나 사립학교 교원, 군인 등 업무상 이유로 사망했을 때 다른 법을 통해 보상받는 직업군은 빠졌다. 자영업자나 특수고용노동자의 과로사가 포함되지 않는 것은 물론이다. 이보다 훨씬 많은 과로사가 매년 발생한다는 뜻이다.

사회적 시선 때문에 산업재해를 신청하지 못하는 과로사

도 많다. 얼마 전 가족의 사망과 관련한 상담 요청이 있었다. 동생이 젊은 나이에 급성심근경색으로 사망했는데 정황상 교대업무와 장시간 근로에 의한 과로사로 생각된다는 것이었다. 그러나 고인의 부모님이 끝까지 반대해 산재보험급여 신청 자체를 포기할 수밖에 없었다. 아들이 힘든지도 몰랐냐며 사람들이 비웃을 것이다. 죽은 아들 앞세워 돈 받는다는 말을 듣고 싶지 않다는 것이 이유였다. 이 사례의 부모님은 아직 아들의 죽음이 '과로' 때문에, 그러니까 노동자가 제대로 회복할 수 없을 만큼 일을 시켜 이익을 취해간 사람들 때문에 발생했다는 점을 충분히 받아들이지 못하고 있다. 이것이 특수한 사례는 아니다. 과로사를 맞닥뜨리고 산업재해 신청을 고민하는 유가족이 공통으로 마주하는 감정이다.

유가족이 이 죽음이 과로로 인한 것이라는 점을 먼저 받아들여야 이런 감정이나 시선에서 벗어날 수 있다. 미흡한 제도, 주변의 시선 등 다양한 이유로 가까운 사람의 과로사를 그냥 넘긴다면, 그리고 이 때문에 우리 사회의 과로사 문제가 계속 수면 아래 머문다면 문제는 더 심각해질 것이다. 과로의 메커니즘 그리고 과로하다 정말 죽을 수 있다는 사실은 이 문제를 먼저 경험한 사람들이 낼 수 있는 목소리다. 이의 시작은 과로사로서 산업재해를 신청하는 것이다. 그런 후에 사회로부터 인정받거나 제도를 통해 보상받을 길이 열린다.

2‖ 숨겨진 과로자살

이제 과로자살이라는 말은 '과중노동에 의한 자살'의 의미에서 더 나아가 '업무로 인한 자살', '업무와 관련된 자살'까지 통칭하는 사회적 용어로 자리 잡았다. 여기에는 장단점이 모두 있다. 아무래도 과로자살이라는 단어가 자극적이기도 하고 직관적이기도 하여, '일 때문에 스스로 목숨을 끊는 일'이 실제로 발생하며 이것이 심각한 사회문제임을 알리는 데 도움이 되었다. 그러나 '과로'라는 단어의 이미지와 상징성이 강렬해, 장시간 노동이 동반되지 않은 경우에도 과로자살로 묶어 다뤄도 괜찮은지 우려된다. 성과 압박이나 직장 내 괴롭힘 끝에 발생한 자살이나 직장 내에서 폭력을 당하고 괴로움과 압박감에 발생한 자살은 과로자살일까?

또한, 일로 인한 모든 자살을 과로자살이라고 부를 때 장시간 노동이 얼마나 정신건강에 나쁜지 가려지는 면도 있다. 이미 살펴보았듯이 일본의 광고회사 덴츠에서 발생한 신입사원 자살 사례는 장시간 노동만으로도 우울증이 발생해 자살에 이를 수 있음을 보여준다. 일본에서 가장 좋은 대학교를 우수한 성적으로 졸업한 후 대기업의 엘리트 사원으로 입사했지만, 수습 기간이 끝나자마자 업무가 살인적인 강도로 높아졌다. 부서의 인원은 줄었지만 담당 업무는 더 늘었고, 월 100시간을 넘는 시간 외 노동을 하기도 했다. 입사 전까지 명랑했던 그는 SNS에 "자고 싶다는 것 외에는 아무 생각이 없다"라는 말을 남기고 스스로 목숨을 끊고 만다.[12] 장시간 노동은 수면을 박탈하고, 신체리듬을 회복할 시간을 빼앗는다. 인간은 수면을 통해 부정적인 기억과 감정을 해소하는데, 장시간 노동하면 수면이 교란되어 부정적인 감정이 강화된다. 그런 점에서 다른 이유가 아닌 전통적인 과로, 즉 장시간 노동에 의한 자살임을 강조하는 것도 필요하지 않을까 한다.

---

[12] 다카하시 유키미 · 가와히토 히로시, 『어느 과로사』, 건강미디어협동조합, 2018

이런 몇 가지 아쉬움에도 여기서는 일로 인한 자살 모두를 '과로자살'로 통용하려고 한다. 이미 업무를 원인으로 하는 다양한 자살 사건이 과로자살로 이름 붙었고, 모두 일에 대한 압박감 속에서 발생했다는 점은 다르지 않기 때문이다.

과로사와 마찬가지로 공식적인 과로자살 통계는 존재하지 않는다. 다만, 정신질환으로 인한 자살사망 사건이 업무상 재해로 근로복지공단에 신청·승인된 수치를 통해 추측해볼 수 있을 뿐이다. 2020년 11월 근로복지공단이 국회 환경노동위원회에 제출한 자료에 의하면 근로복지공단에의 최초 1회차 신청 기준으로 정신질환 자살사망과 관련한 업무상 재해 신청 건수와 승인 건수는 [표3]과 같다.

[표3] 정신질환 자살사망 업무상 재해 최초 1회차 신청 기준 신청/승인 건수 및 승인율

	2016년	2017년	2018년	2019년	2020년 10월
신청	48건	60건	61건	60건	60건
승인	10건	27건	42건	35건	35건
승인율	20.8%	45.0%	68.9%	58.3%	58.3%

* 근로복지공단

과로자살의 산업재해 인정률도 낮지만, 그보다 신청 자체가 매우 적은 것을 볼 수 있다. 2016년에는 신청한 48건 중 10건이 승인(인정률 20.8%)되었고, 2017년에는 60건 중 27건이 승인(인정률 45.0%)되었다. 2018년, 2019년에는 신청 건수와 인정 건수가 모두 늘어 인정률도 증가했지만, 절대적 수치로서 과로자살 신청 및 승인 건수가 매우 낮다는 점은 커다란 과제다. 2018년부터 인정률이 높아진 이유는 과로사와 마찬가지로 2018년 과로에 대한 산업재해 기준이 약간 완화되었고, 특히 사회적으로 과로자살에 대한 인식 수준이 높아짐에 따라 산업재해 승인 여부를 판단하는 근로복지공단 업무상질병판정위원회에서도 업무상 스트레스와 자살사망의 인과성을 더욱 긴밀히 보려고 노력했기 때문이다. 하지만 과로자살에 대한 인정 기준이 명확하지 않아 여전히 과로로 인한 자살사망을 업무상 재해로 인정하는 데 한계가 있고, 이는 현실을 반영하지 못하는 것이다.

　자살은 산업재해로 신청하는 규모가 절대적으로 작기 때문에 산업재해 자료만으로는 과로자살의 규모를 가늠하기 쉽지 않다. 여전히 드러나지 않은 과로자살이 무수히 많다. 이에 전체 자살 자료를 기반으로 한국사회의 과로자살 규모를 추정해보려 한다.

우리나라에서는 1년에 약 1만3,000명이 자살로 생을 마감한다. 통계청에서는 자살의 원인을 조사 발표하지 않는다. 경찰청에서 변사자 조사 후 작성하는 '동기별 자살 현황'이 유일한 정보다. 이에 따르면 한 해 '직장 또는 업무상의 문제'로 자살하는 사람은 전체 자살자의 4% 정도다. 숫자로는 2014년 552명 정도이다가 2018년 자살자 수가 감소하면서 487명으로 줄었다. 2019년에는 598명이었다. 비율은 계속 4% 수준이다.[13]

이 조사만 봐도 업무상 문제로 자살하는 사건의 상당수가 산재 신청을 하지 않는다는 점을 알 수 있다. 게다가 이 조사는 자살의 직접적인 원인 혹은 가장 큰 원인으로 생각되는 한 가지만 지목하기 때문에, 일터에 문제가 있었더라도 우울증이 있는 상태였다면 '정신과적 문제'로 인한 자살로 잘못 분류되기 쉽다. 실제로 경찰청 변사 자료에 따르면 2019년 자살동기별 현황 중 정신과적 문제가 4,638건(34.7%)으로 가장 많았다. 직장 내 스트레스 때문에 가족 관

≡

13   중앙자살예방센터, 《2019 자살예방백서》, 2019

계가 나빠져 부부싸움 도중 자살이 발생했다면 '가정문제'로 분류되기도 할 것이다. 그러면 일터에서의 문제 때문에 자살한 사람이 어느 정도인지 현재는 짐작조차 할 수가 없다. 중앙심리부검센터에서 실시한 심리부검[14] 결과에 따르면 2018년에 68%의 자살자가, 2019년에는 62%의 자살자가 죽음 전 업무와 관련한 스트레스 사건이 있었다고 하니 얼마나 많은 과로자살이 드러나지 않고 있을지 예상할 뿐이다.

OECD 회원국 중 압도적으로 높은 자살률을 보이는 한국에서 과로자살 문제는 정신적으로 취약한 일부 사람들의 문제가 아니다. 과중한 노동을 정상으로 여기고, 견디지 못하는 사람을 패배자로 모는 사회가 만들어낸 결과다. 이런 사회적 압력은 고인이 자살이라는 극단적 선택을 하게 만듦과 동시에 유가족의 고통을 가중한다. 고인에게는 견디지 못한 사람이라는 낙인이 붙고, 유가족 역시 고인의 손을 제때 잡

≡

14 심리부검Psychological Autopsy이란 자살 유족의 진술과 기록을 검토해 자살사망자의 심리 행동 양상 및 변화 상태를 확인하고 자살의 구체적 원인을 검증하는 조사 방법이다. 보건복지부는 자살사망의 원인을 규명하고 근거 기반 자살예방정책을 수립하고자 2014년 중앙심리부검센터를 설립해 심리부검 사업을 수행하고 있으며 매년 《심리부검면담결과보고서》를 발간한다.

지 못한 죄인이라는 시선에서 벗어나지 못하게 된다. 고인을 잃은 근원적인 고통은 어쩔 수 없더라도 사회적 시선으로 인한 고통은 덜어야 하지 않을까. 그것이 우리가 과로자살을 사회적으로 인정받도록 함께 움직이자고 과로자살 유가족들에게 제안하는 가장 큰 이유다.

이제 산업재해가 우리와 가까운 일임을 사회적으로 이해하고 인정하며 참담한 일이 더는 일어나지 않도록 안전한 일터를 만드는 방법, 건강하게 일할 방법을 논의할 차례다. 과로자살도 당연히 산업재해라는 합의와 인정이 먼저 이루어져야 지금까지 숨겨진 과로자살을 포함해 예방과 보상을 이야기할 수 있다.

3.
과로사·과로자살의 법률상 판단

1 ∥ 뇌심혈관질환의 업무상 재해 인정 기준

갑작스럽게 가까운 사람의 죽음을 맞닥뜨린 후 이것이 과로 죽음인지, 나아가 산업재해보상보험법에 의해 보상받을 수 있을지 궁금한 유족이나 친구, 동료들에게 과로사·과로자살 여부를 평가하는 데 사용되는 객관적 기준이 도움이 될 것이다. 물론 법령이나 행정기관에서 제시한 기준이 타당한가는 따로 논의해야 한다.

현재 한국의 산업재해보상보험법령 등에서 과로사·과로자살로 판단하는 법적 기준을 소개한다. 인정 기준은 산업재해보상보험법을 시작으로 산업재해보상보험법 시행령, 고용노동부 고시로 구성되어 있으며 고용노동부 고시의 경우 2020년 12월 29일 일부 개정, 시행되고 있다.

과로로 인한 죽음을 산업재해보상보험법(이하 산재법)에 의해 보상받으려면 고인이 근로기준법상 근로자여야 한다. 근로기준법 제2조는 근로자를 직업의 종류와 관계없이 임금을 목적으로 사업이나 사업장에 근로를 제공하는 자로 규정한다. 즉, 고인이 사용자와 종속관계가 있어야 한다. 이때 근로계약의 이름이 용역, 도급, 위탁 등 무엇이든 상관없이 임금을 받기 위해 노동했다면 근로자다. 만일 고인이 프리랜서라는 이유로 회사 측이 도움을 거절한다면 먼저 근무형태를 파악해본다. 실질적으로 업무의 내용, 근로시간, 근로 장소를 사용자가 정했는지, 해당 사업장에 계속 근로를 제공한 계속성, 전속성이 있는지 살펴보는 것이다. 일할 때 사용자가 지휘·감독을 했는지의 여부도 중요하다. 이를 종합해 사용종속관계가 있다고 판단되면 분쟁을 통해 근로자임을 인정받을 수 있다.

불법체류 외국인 근로자의 과로죽음에도 산재법이 적용되고, 현장실습생도 산재법 제123조에 의해 보상받을 수 있다. 1인 자영업자나 중소기업 사업주라도 산재보험에 임의 가입했다면 보상이 가능하다. 그러니 고인이 산재보험에 가입되어 있는지 근로복지공단에 확인해볼 필요가 있다. 특수

형태근로 종사자도 방문판매원, 대여제품방문점검원, 방문교사, 가전제품설치원, 화물차주, 보험설계사, 골프장캐디, 택배기사, 건설기계자차기사, 퀵서비스기사, 대출모집인, 대리운전기사, 신용카드모집인 등은 산재보험 가입이 가능하므로 가입 여부를 반드시 확인해야 한다.

두 번째로 업무와 관련해 발생한 사망이어야 한다. 온전히 개인적 요인에 의해 사망했다면 업무상 재해라고 할 수 없다. 당뇨, 고혈압, 고지혈증 등 지병이 있던 사람의 사망이 대표적이다. 지병이 악화해 뇌심혈관질환이 발병했고 사망에 이르렀다는 것이 의학적으로 명백하다면 업무상 재해로 인정받을 수 없다. 또는 평소 우울증을 앓아 정신질환 치료를 받던 도중 업무와 별다른 관계없이 자살했다면, 사망한 장소가 일터였어도 업무상 재해로 인정받기 쉽지 않다.

하지만 여기서 중요한 점은 고인이 고혈압, 관상동맥경화, 뇌동맥류, 당뇨 등을 앓고 있었더라도 이것이 업무상 과부하 때문에 자연 경과 속도보다 급격히 빠르게 진행되어 사망했다면 과로사로 볼 수 있고, 사적인 문제로 우울증 치료를 받던 도중이었어도 계속되는 업무상 스트레스로 우울 정도가 심해져 자살했다면 과로자살로 볼 수 있다는 것이다. 즉, 업무와 관련해 질병이 발병, 악화한 사망이고 이때의 업무가 육체적 과로, 정신적 스트레스 등 과중한 노동이어야 과로성 재해로 보상받을 수 있다.

이를 법 규정에서 살펴보면 구체적으로 산재법 제5조 제1호의 업무상 재해로 인정받기 위해서는 산재법 제37조 제1항 제2호 가 · 나 · 다 · 라목에 해당하는 업무상 질병으로 사망해야 한다. 즉, 업무의 신체적 부담이나 업무상 정신적 스트레스로 질병이 발생, 사망한 경우를 업무상 재해로 본다.

다만, 이러한 경우의 각각의 구체적 기준은 산재법 제37조 제5항에 따라 산업재해보상법 시행령(이하 산재법 시행령)에서 제시하고 있다. 산재법 시행령 제34조 제2항에서는 업무상 부상과 질병 사이의 인과관계가 의학적으로 인정되고, 기초질환 또는 기존 질병이 자연발생적으로 나타난 증상이 아닌 경우 산재법 제37조 제1항 제2호 나목의 업무상 재해로 인정한다고 정하고 있다.

산업재해보상보험법 업무상 재해 인정 기준

제5조(정의) 이 법에서 사용하는 용어의 뜻은 다음과 같다.

1. "업무상의 재해"란 업무상의 사유에 따른 근로자의 부상 · 질병 · 장해 또는 사망을 말한다.

제37조(업무상의 재해의 인정 기준)

① 근로자가 다음 각 호의 어느 하나에 해당하는 사유로 부상 · 질병 또는 장해가 발생하거나 사망하면 업무상의 재해로 본다. 다만, 업무와 재해 사이에 상당인과관계(相當因果關係)가 없는 경우에는 그러하지 아니하다.

1. 업무상 사고

가. 근로자가 근로계약에 따른 업무나 그에 따르는 행위를 하던 중 발생한 사고

나. 사업주가 제공한 시설물 등을 이용하던 중 그 시설물 등의 결함이나 관리소홀로 발생한 사고다.

다. 삭제 〈2017. 10. 24.〉

라. 사업주가 주관하거나 사업주의 지시에 따라 참여한 행사나 행사준비 중에 발생한 사고

마. 휴게시간 중 사업주의 지배관리하에 있다고 볼 수 있는 행위로 발생한 사고

바. 그 밖에 업무와 관련하여 발생한 사고

2. 업무상 질병

가. 업무수행 과정에서 물리적 인자(因子), 화학물질, 분진, 병원체, 신체에

부담을 주는 업무 등 근로자의 건강에 장해를 일으킬 수 있는 요인을 취급하거나 그에 노출되어 발생한 질병

나. 업무상 부상이 원인이 되어 발생한 질병

다. 「근로기준법」 제76조의 2에 따른 직장 내 괴롭힘, 고객의 폭언 등으로 인한 업무상 정신적 스트레스가 원인이 되어 발생한 질병

라. 그 밖에 업무와 관련하여 발생한 질병

3. 출퇴근 재해

가. 사업주가 제공한 교통수단이나 그에 준하는 교통수단을 이용하는 등 사업주의 지배관리하에서 출퇴근하는 중 발생한 사고

나. 그 밖에 통상적인 경로와 방법으로 출퇴근하는 중 발생한 사고

② 근로자의 고의 · 자해행위나 범죄행위 또는 그것이 원인이 되어 발생한 부상 · 질병 · 장해 또는 사망은 업무상의 재해로 보지 아니한다. 다만, 그 부상 · 질병 · 장해 또는 사망이 정상적인 인식능력 등이 뚜렷하게 낮아진 상태에서 한 행위로 발생한 경우로서 대통령령으로 정하는 사유가 있으면 업무상의 재해로 본다.

③ 제1항 제3호 나목의 사고 중에서 출퇴근 경로 일탈 또는 중단이 있는 경우에는 해당 일탈 또는 중단 중의 사고 및 그 후의 이동 중의 사고에 대하여는 출퇴근 재해로 보지 아니한다. 다만, 일탈 또는 중단이 일상생활에 필요한 행위로서 대통령령으로 정하는 사유가 있는 경우에는 출퇴근 재해로 본다.

④ 출퇴근 경로와 방법이 일정하지 아니한 직종으로 대통령령으로 정하는 경우에는 제1항 제3호 나목에 따른 출퇴근 재해를 적용하지 아니한다.

⑤ 업무상의 재해의 구체적인 인정 기준은 대통령령으로 정한다.

산업재해보상보험법 시행령 업무상 질병 인정 기준

제34조(업무상 질병의 인정 기준)

① 근로자가 「근로기준법 시행령」 제44조 제1항 및 같은 법 시행령 별표
   5의 업무상 질병의 범위에 속하는 질병에 걸린 경우(임신 중인 근로자
   가 유산 · 사산 또는 조산한 경우를 포함한다. 이하 이 조에서 같다) 다음 각
   호의 요건 모두에 해당하면 법 제37조 제1항 제2호 가목에 따른 업
   무상 질병으로 본다.

   1. 근로자가 업무수행 과정에서 유해 · 위험요인을 취급하거나 유해 · 위험
      요인에 노출된 경력이 있을 것

   2. 유해 · 위험요인을 취급하거나 유해 · 위험요인에 노출되는 업무시간, 그
      업무에 종사한 기간 및 업무 환경 등에 비추어 볼 때 근로자의 질병을 유
      발할 수 있다고 인정될 것

   3. 근로자가 유해 · 위험요인에 노출되거나 유해 · 위험요인을 취급한 것이
      원인이 되어 그 질병이 발생하였다고 의학적으로 인정될 것

② 업무상 부상을 입은 근로자에게 발생한 질병이 다음 각 호의 요건 모두에
   해당하면 법 제37조 제1항 제2호 나목에 따른 업무상 질병으로 본다.

   1. 업무상 부상과 질병 사이의 인과관계가 의학적으로 인정될 것

   2. 기초질환 또는 기존 질병이 자연발생적으로 나타난 증상이 아닐 것

③ 제1항 및 제2항에 따른 업무상 질병(진폐증은 제외한다)에 대한 구체적인
   인정 기준은 별표3과 같다.

④ 공단은 근로자의 업무상 질병 또는 업무상 질병에 따른 사망의 인정 여
   부를 판정할 때에는 그 근로자의 성별, 연령, 건강 정도 및 체질 등을
   고려하여야 한다.

단, 해당 재해자의 성별, 연령, 건강 정도 및 체질 등을 고려해야 한다고 규정한다. 평균의 보통 사람이 아닌 고인만의 신체적 특성이나 건강 상태 등을 고려해 합리적으로 업무상 과중 부담 여부를 판단한다는 것이다.

또한, 산재법 시행령 제34조 제3항에서는 업무상 질병의 구체적 인정 기준을 산재법 시행령 별표3으로 다시 정했으며 제1호는 뇌혈관 또는 심장 질병에 해당하는 기준을 제시하고 있다. 통상 별표3의 뇌혈관 또는 심장 질병으로 사망했고 이의 발병 및 악화와 과중한 노동의 인과성이 인정되는 경우 '과로사를 업무상 재해로 인정받았다'고 표현한다.

눈여겨볼 점은 보통 발병과 악화의 원인이 과로와 관련성이 높다고 보는 뇌실질내출혈, 지주막하출혈, 뇌경색, 심근경색증, 해리성대동맥류의 다섯 가지 상병이다. 이는 대표적인 과로사로 불리는 뇌혈관 또는 심장질환이다. 먼저 뇌혈관질환이란 뇌에 혈액을 공급하는 혈관이 막히거나(허혈성) 터져서(출혈성) 뇌가 손상되어 나타나는 질병이다. 흔히 뇌졸중, 중풍이라고 하는데 이는 뇌혈관질환에 따른 혈액순환 장애 때문에 갑자기 나타나는 신경 증상을 통칭하는 말이다. 허혈성은 뇌경색, 뇌혈관기형 등이 대표적이고 출혈성은 고혈압 등으로 뇌혈관이 파열되는 뇌출혈(뇌실질내출혈), 지주막하출혈이 대표적이다. 심장질환은 심장의 혈관이 막히거나 터져서 발생하는 질병으로 이 역시 허혈성의 경우 심근경색증과 협심증, 출혈성의 경우 해리성대동맥류가 대표적이다. 이처럼 산재법 시행령 별표3에서 언급하고 있는 5개의 상병 외에도 경막하출혈, 심장판막증, 심근질환, 부정맥 등 기타 뇌심혈관계 질환의 유발 및 악화가 과중한 업무와 상당한 인과관계가 있다고 판단되는 경우 과로사로서 업무상 재해 인정이 가능하다.

특히 다음 별표3 제1호 다목은 업무상 인정 여부 결정에 필요한 사항을 다시 고용노동부 장관이 정해 고시하도록 했고, 이에 고용노동부 장관은 고용노동부고시 제2020-155호에 필요한 사항을 고시해 시행하고 있다.

여기서 별표3 제1호 가목의 내용과 고시 내용을 종합해보면 과로의 종류를 크게 3가지로 나누어 각각의 인정 기준을 제시하고 있다. 먼저 급성과로는 뇌심혈관계 질병이 업무와 관련해 돌발적이고 예측 불가한 급작스러운 사건에 의해 발생·악화되거나 업무 환경이 급격하게 변화해 발생·악화된 경우다. 이는 증상 발생 전 24시간 이내에 위의 이유로

뇌심혈관질환의 업무상 재해 인정 기준(과로사):

산업재해보상보험법 시행령 별표3 업무상 질병에 대한 구체적인 인정 기준

1. 뇌혈관 질병 또는 심장 질병

　가. 다음 어느 하나에 해당하는 원인으로 뇌실질내출혈(腦實質內出血), 지주막하출혈(蜘蛛膜下出血), 뇌경색, 심근경색증, 해리성 대동맥자루(대동맥 혈관벽의 중막이 내층과 외층으로 찢어져 혹을 형성하는 질병)가 발병한 경우에는 업무상 질병으로 본다. 다만, 자연발생적으로 악화되어 발병한 경우에는 업무상 질병으로 보지 않는다.

　　1) 업무와 관련한 돌발적이고 예측 곤란한 정도의 긴장 · 흥분 · 공포 · 놀람 등과 급격한 업무 환경의 변화로 뚜렷한 생리적 변화가 생긴 경우

　　2) 업무의 양 · 시간 · 강도 · 책임 및 업무 환경의 변화 등으로 발병 전 단기간 동안 업무상 부담이 증가하여 뇌혈관 또는 심장혈관의 정상적인 기능에 뚜렷한 영향을 줄 수 있는 육체적 · 정신적인 과로를 유발한 경우

　　3) 업무의 양 · 시간 · 강도 · 책임 및 업무 환경의 변화 등에 따른 만성적인 과중한 업무로 뇌혈관 또는 심장혈관의 정상적인 기능에 뚜렷한 영향을 줄 수 있는 육체적 · 정신적인 부담을 유발한 경우

　나. 가목에 규정되지 않은 뇌혈관 질병 또는 심장 질병의 경우에도 그 질병의 유발 또는 악화가 업무와 상당한 인과관계가 있음이 시간적 · 의학적으로 명백하면 업무상 질병으로 본다.

　다. 가목 및 나목에 따른 업무상 질병 인정 여부 결정에 필요한 사항은 고용노동부장관이 정하여 고시한다.

뇌혈관 또는 심장혈관의 병변이 자연 경과를 넘어 급격하고 뚜렷하게 악화된 경우를 의미한다. 사건 발생부터 증상 발병까지의 시간이 짧으므로 업무상 높은 스트레스를 받게 한 사건 또는 업무 환경 변화가 아주 분명해야 하고, 이러한 일련의 사건이 예측 불가능했으며 이 때문에 고인의 정신적·신체적 부담이 늘어 증상이 나타났음을 입증하는 것이 급성 과로의 핵심이다. 원래 하던 일과 현저히 다른 업무를 다른 업무 환경에서 과다하게 수행하며 실적 압박을 느끼는 경우, 과중한 업무와 관련해 정신적, 물리적 폭력을 당한 경우가 대표적이다. 고인의 사망이 급성과로사라고 생각된다면 사망 직전 직장에서 어떤 일이 있었는지, 고인에게 업무와 관련된 폭언 등은 없었는지 고인의 휴대폰 문자 등을 찾아보는 것이 좋다.

다음은 단기과로다. 업무의 양, 시간, 강도, 책임, 업무 환경 변화 등으로 단기간 업무상 부담이 증가해 뇌혈관질환 및 심장질환이 발생·악화된 것인데, 이는 발병 전 일주일 이내 업무의 양이나 시간이 이전 12주(발병 전 1주일 제외) 평균보다 30% 이상 증가하거나 업무 강도·책임 및 업무 환경 등이 적응하기 어려운 정도로 바뀐 경우다. 야간 근무시(오후 10시~익일 오전 6시)에는 실제 근무시간의 30%를 가산해 산정한다.[15] 단, 경비 등과 같은 감시단속적 근로자 중 적용제외신청 승인을 받은 근로자, 택시운전자는 그러지 않는다. 단기과로에서 핵심 사항은 발병 전 1주의 평균 업무량이 양적인 부분과 질적인 부분을 통틀어 발병 12주 전부터 2주 전까지의 1주 평균보다 30% 이상 증대했는지, 불규칙한 근무형태, 육체적·정신적 부담이 적응하기 어려운 정도로 늘었는지 객관적으로 입증하는 것이다. 이때 근무시간이 인정되어도 근무 강도가 낮다면 인정받지 못할 수 있으므로 일정 기간의 업무 증가율에 대한 다양한 입증자료가 중요하다. 고인의 사망이 단기과로사라고 생각된다면 사망 직전 일주일간의 근무시간, 성과 압박, 불규칙한 근무패턴 등을 명확히 증명할 자료를 고인의 휴대폰, 교통카드·신용카드 사용내역, 자동차 블랙박스 등에서 꼼꼼하게 찾아보도록 한다.

≡

15 근무시간이 오후 6시부터 오후 12시까지일 경우 총 6시간 근무지만, 오후 6시부터 오후 10시까지의 4시간은 주간근무이고, 오후 10시부터 오후 12시까지의 2시간은 야간근무이므로 야간근무 2시간에 30%를 가산하면 2.6시간, 즉 총 6.6시간 근무한 것으로 계산한다.

마지막으로 만성과로다. 업무의 양, 시간, 환경변화 등이 만성적으로 과중하게 지속되어 뇌혈관 질병 및 심장 질병이 나타난 것으로, 발병 전 3개월 이상 연속적으로 과중한 육체적·정신적 부담을 발생시켰다고 인정되는 업무적 요인이 객관적으로 확인되는 경우다. 발병 전 12주 동안 업무시간이 1주 평균 60시간(발병 전 4주 동안 1주 평균 64시간)을 초과하면 업무와 질병과의 관련성이 강한 것으로, 발병 전 12주 동안 1주 평균 업무시간이 52시간을 초과하면 업무시간이 길어질수록 업무와 질병과의 관련성이 증가하는 것으로 평가한다. 이때에도 야간 근무 시(오후10시~익일 오전 6시)에는 실제 근무시간의 30%를 가산해 산정하며 경비 등과 같은 감시단속적 근로자 중 적용제외신청 승인을 받은 근로자, 택시운전자는 제외된다. 특히 근무 일정 예측이 어려운 업무, 교대제 업무, 휴일이 부족한 업무, 유해한 작업환경(한랭, 온도변화, 소음)에 노출되는 업무, 육체적 강도가 높은 업무, 시차가 큰 출장이 잦은 업무, 정신적 긴장이 큰 업무 중 하나에 해당하면 업무와 질병과의 관련성이 강하다고 평가되고, 이러한 업무들이 복합적으로 노출되는 업무라면 발병 전 12주 동안 업무시간이 1주 평균 52시간을 초과

뇌심혈관질환의 업무상 재해 인정 기준(과로사):

고용노동부 고시 제2020-155호(2020. 12. 29., 일부개정)
뇌혈관 질병 또는 심장 질병 및
근골격계 질병의 업무상 질병 인정 여부 결정에 필요한 사항

1. 뇌혈관 질병 또는 심장 질병

가. 「산업재해보상보험법 시행령」(이하 "영"이라 한다) 별표3 제1호 가목
   1)에서 "업무와 관련한 돌발적이고 예측 곤란한 정도의 긴장·흥
   분·공포·놀람 등과 급격한 업무 환경의 변화로 뚜렷한 생리적 변
   화가 생긴 경우"란 증상 발생 전 24시간 이내에 업무와 관련된 돌발
   적이고 예측 곤란한 사건의 발생과 급격한 업무 환경의 변화로 뇌혈
   관 또는 심장혈관의 병변 등이 그 자연경과를 넘어 급격하고 뚜렷하
   게 악화된 경우를 말한다.

나. 영 별표3 제1호 가목 2)에서 "업무의 양·시간·강도·책임 및 업무
   환경의 변화 등으로 발병 전 단기간 동안 업무상 부담이 증가하여
   뇌혈관 또는 심장혈관의 정상적인 기능에 뚜렷한 영향을 줄 수 있는
   육체적·정신적인 과로를 유발한 경우"란 발병 전 1주일 이내의 업
   무의 양이나 시간이 이전 12주(발병 전 1주일 제외)간에 1주 평균보다
   30퍼센트 이상 증가되거나 업무 강도·책임 및 업무 환경 등이 적응
   하기 어려운 정도로 바뀐 경우를 말한다. 해당 근로자의 업무가 "단
   기간 동안 업무상 부담"에 해당하는지 여부는 업무의 양·시간·강
   도·책임, 휴일·휴가 등 휴무시간, 근무형태·업무 환경의 변화 및
   적응기간, 그 밖에 그 근로자의 연령, 성별 등을 종합하여 판단한다.

다. 영 별표3 제1호 가목 3)에서 "업무의 양·시간·강도·책임 및 업무
   환경의 변화 등에 따른 만성적인 과중한 업무로 뇌혈관 또는 심장
   혈관의 정상적인 기능에 뚜렷한 영향을 줄 수 있는 육체적·정신적

인 부담을 유발한 경우"란 발병 전 3개월 이상 연속적으로 과중한 육체적·정신적 부담을 발생시켰다고 인정되는 업무적 요인이 객관적으로 확인되는 상태를 말한다. 이 경우 해당 근로자의 업무가 "만성적인 과중한 업무"에 해당하는지 여부는 업무의 양·시간·강도·책임, 휴일·휴가 등 휴무시간, 교대제 및 야간근로 등 근무형태, 정신적 긴장의 정도, 수면시간, 작업 환경, 그 밖에 그 근로자의 연령, 성별 등을 종합하여 판단하되, 업무시간과 작업 조건에 따른 업무와 질병과의 관련성을 판단할 때에는 다음 사항을 고려한다.

1) 발병 전 12주 동안 업무시간이 1주 평균 60시간(발병 전 4주 동안 1주 평균 64시간)을 초과하는 경우에는 업무와 질병과의 관련성이 강하다고 평가한다.

2) 발병 전 12주 동안 1주 평균 업무시간이 52시간을 초과하는 경우에는 업무시간이 길어질수록 업무와 질병과의 관련성이 증가하는 것으로 평가한다. 특히, 다음 각 호의 어느 하나에 해당하는 업무를 수행하는 경우(업무부담 가중요인)에는 업무와 질병과의 관련성이 강하다고 평가한다.

① 근무일정 예측이 어려운 업무

② 교대제 업무

③ 휴일이 부족한 업무

④ 유해한 작업환경 (한랭, 온도변화, 소음)에 노출되는 업무

⑤ 육체적 강도가 높은 업무

⑥ 시차가 큰 출장이 잦은 업무

⑦ 정신적 긴장이 큰 업무

3) 발병 전 12주 동안 업무시간이 1주 평균 52시간을 초과하지 않는 경우라도 2항의 업무부담 가중요인에 복합적으로 노출되는 업무의 경우에는 업무와 질병과의 관련성이 증가한다.

라. 오후 10시부터 익일 6시 사이의 야간근무의 경우에는 주간근무의
   30%를 가산(휴게시간은 제외)하여 업무시간을 산출한다. 다만, 「근로
   기준법」 제63조 제3호에 따라 감시 또는 단속적으로 근로에 종사하
   는 자로서 사용자가 고용노동부장관의 승인을 받은 경우와 이와 유
   사한 업무에 해당하는 경우는 제외한다.

하지 않아도 업무와 질병의 관련성이 증가하는 것으로 평가한다. 만성과로에서 핵심은 제시된 근로시간 기준에 부합하는지의 여부다. 발병 3개월 전부터 연속적으로 혹은 발병 1개월 전부터 연속적으로 장시간 근로를 했음을 객관적으로 입증해야 하며, 기준이 되는 절대적 근로시간을 초과하지 않은 경우에도 직종, 근무형태, 근무강도 등에서 지속적이고 복합적으로 업무상 가중요인에 노출되었음을 입증하는 것이 중요하다. 고인의 죽음이 만성과로로 인한 사망이라고 추측된다면 사망 3개월 전부터의 근무시간을 입증할 자료를 고인의 휴대폰, 일기, 교통카드·신용카드 사용내역 등에서 살펴보고 회사 측에 근무시간 내역을 요청할 수도 있다. 다만 근로시간 관련 정보를 제공하는 것이 회사의 의무는 아니니 많은 기대를 해서는 안 된다. 또한, 회사 측에서 제공된 근로시간 정보가 정확하지 않을 수도 있다. 혹시 수집한 고인의 근로시간 자료가 기준에 못 미치더라도 고인의 업무수첩, 휴대폰 속 메모장, 스케줄표 등을 살펴 장기간 건강에 악영향을 미칠 정도로 일했음을 입증하도록 노력할 필요가 있다.

2 ‖ 자살의 업무상 재해 인정 기준

이제 과로자살의 경우를 살펴보자. 산재법 제37조 제2항은 근로자의 고의·자해행위나 범죄행위 또는 그것이 원인이 되어 발생한 부상, 질병, 장해 또는 사망을 업무상의 재해로 보지 않는다. 원칙적으로는 자살을 업무상 재해로 인정하지 않는 것이다. 다만, 정상적인 인식능력이 뚜렷하게 저하된 상태에서 한 행위로 사망한 경우에는 업무상 재해로 인정한다. 산재법 시행령 제36조에 따라 업무상 이유로 발생한 정신질환으로 치료를 받았거나 받고 있는 사람이 정신적 이상 상태에서 자해행위를 한 경우, 업무상 재해로 요양 중인 사람이 그로 인한 정신적 이상 상태에서 자해한 경우, 그 밖에 업무상 사유로 인한 정신적 이상 상태에서 자해했다는 것이 의학적으로 인정되는 경우, 이외에도 자살이 업무와 상당한 인과관계가 있다면 해당 자살은 업무상 재해로 인정받을 수 있다.

여기서 정상적인 인식능력이 뚜렷하게 저하된 상태란 과중한 업무로 인한 스트레스 때문에 우울증과 같은 정신질환이 발병하거나 악화해 합리적인 판단을 할 수 없는 정도를 의미한다. 특히 이때 중요한 점은 개인에게 정신적 취약성이 있었더라도 이것이 과중한 업무에 의한 스트레스와 겹쳐 자살에 이르렀다면 충분히 업무상 재해로 인정받을 여지가 있다는 점이다. 최근 대법원에서 내성적인 성격이 자살 결심에 영향을 미친 경우에도 업무와 자살 사이의 상당인과관계를 인정할 수 있다는 판결16이 나온 바 있다. 자살 직전에 환각, 망상, 와해된 언행 등 정신병적 증상을 보이지 않았어도 업무와 자살사망 사이에 관련이 있다면 업무상 재해라는 것이다. 평소 정신질환을 앓지 않았던 고인이 갑자기 자살했더라도 과중한 업무와의 인과성을 충분히 입증한다면 업무상 재해로 인정받을 수 있다.

또한, 과로사와는 달리 과로자살 판례는 통상적으로 사회평균인 입장에서 업무로 받는 스트레스가 도저히 감수하거나 극복할 수 없을 정도여야 업무와 자살의 상당인과관계를 인정할 수 있다고 본다. 즉, 고인의 개인적 정신건강 상태가 아닌 사회 평균인을 기준으로 평가하기 때문에 업무상 자살의 업무상 재해 인정 가능성이 낮은 경향이 있다. 그러나 다른 한편으로 업무와 자살 사이의 상당한 인과관계를 판단할

---

16   대법원 2017.5.31. 선고 2016두58840 판결.

자살의 업무상 재해 인정 기준(과로자살):
산업재해보상보험법 시행령 자해행위에 따른 업무상의 재해의 인정 기준

제36조(자해행위에 따른 업무상의 재해의 인정 기준) 법 제37조 제2항 단서에
서 "대통령령으로 정하는 사유"란 다음 각 호의 어느 하나에 해당하
는 경우를 말한다.

1. 업무상의 사유로 발생한 정신질환으로 치료를 받았거나 받고 있는
   사람이 정신적 이상 상태에서 자해행위를 한 경우

2. 업무상의 재해로 요양 중인 사람이 그 업무상의 재해로 인한 정신적
   이상 상태에서 자해행위를 한 경우

3. 그 밖에 업무상의 사유로 인한 정신적 이상 상태에서 자해행위를 하
   였다는 상당인과관계가 인정되는 경우

때 근로자 본인을 기준으로 삼아야 한다고 본 판결도 존재한다.

앞에서 살펴본 바와 같이 과거 정신병적 증상이 전혀 없었고 돌발적으로 자살에 이르렀어도 업무와의 인과성만 인정된다면 과로자살로서 업무상 재해로 인정받을 수 있지만, 보통 자살사망자의 경우 정신질환과 밀접한 상관관계가 있다는 사실이 많은 연구 결과에 나타난다. 따라서 고인이 과로자살로 사망한 것 같다면 먼저 업무상 질병으로서의 정신질환 기준을 체크해볼 필요가 있다. 산재법 시행령 별표3에서는 업무와 관련해 정신적 충격을 유발할 수 있는 사건으로 생긴 외상 후 스트레스 장애를 업무상 질병으로 볼 수 있고, 업무와 관련해 고객으로부터 폭언 또는 폭력을 겪어 정신적 충격을 받았거나 이와 직접 연관된 스트레스로 적응장애 또는 우울증이 생겼다면 이 역시 업무상 질병으로 볼 수 있다고 명확히 제시한다. 즉, 업무 스트레스 등으로 인해 생긴 외상 후 스트레스 장애, 적응장애, 우울병 에피소드와 같은 정신질환을 업무상 재해로 인정하고 있다. 이 세 가지 정신질환은 예시일 뿐이므로 이외에 다른 정신질환이어도 과중한 업무와 높은 스트레스의 인과성이 있다면 업무상 질병

자살의 업무상 재해 인정 기준(과로자살):

산업재해보상보험법 시행령 별표3 업무상 질병에 대한 구체적인 인정 기준

4. 신경정신계 질병

가. 톨루엔 · 크실렌 · 스티렌 · 시클로헥산 · 노말헥산 · 트리클로로에
틸렌 등 유기용제에 노출되어 발생한 중추신경계장해. 다만, 외상성
뇌손상, 뇌전증, 알코올중독, 약물중독, 동맥경화증 등 다른 원인으
로 발생한 질병은 제외한다.

나. 다음 어느 하나에 해당하는 말초신경병증

1) 톨루엔 · 크실렌 · 스티렌 · 시클로헥산 · 노말헥산 · 트리클로로에
틸렌 및 메틸 n-부틸 케톤 등 유기용제, 아크릴아미드, 비소 등에
노출되어 발생한 말초신경병증. 다만, 당뇨병, 알코올중독, 척추손
상, 신경포착 등 다른 원인으로 발생한 질병은 제외한다.

2) 트리클로로에틸렌에 노출되어 발생한 세갈래신경마비. 다만, 그
물질에 노출되는 업무에 종사하지 않게 된 후 3개월이 지나지 않은
경우만 해당하며, 바이러스 감염, 종양 등 다른 원인으로 발생한 질
병은 제외한다.

3) 카드뮴 또는 그 화합물에 2년 이상 노출되어 발생한 후각신경마비

다. 납 또는 그 화합물(유기납은 제외한다)에 노출되어 발생한 중추신경
계장해, 말초신경병증 또는 폄근마비

라. 수은 또는 그 화합물에 노출되어 발생한 중추신경계장해 또는 말초
신경병증. 다만, 전신마비, 알코올중독 등 다른 원인으로 발생한 질
병은 제외한다.

마. 망간 또는 그 화합물에 2개월 이상 노출되어 발생한 파킨슨증, 근
육긴장이상(dystonia) 또는 망간정신병. 다만, 뇌혈관장해, 뇌염 또

는 그 후유증, 다발성 경화증, 윌슨병, 척수·소뇌 변성증, 뇌매독으로 인한 말초신경염 등 다른 원인으로 발생한 질병은 제외한다.

바. 업무와 관련하여 정신적 충격을 유발할 수 있는 사건에 의해 발생한 외상후스트레스장애

사. 업무와 관련하여 고객 등으로부터 폭력 또는 폭언 등 정신적 충격을 유발할 수 있는 사건 또는 이와 직접 관련된 스트레스로 인하여 발생한 적응장애 또는 우울병 에피소드

으로 인정된다. 더 나아가 이로 인한 자살에 이르렀다면 과로자살로서 업무상 재해임을 충분히 인정받을 수 있다.

그렇다면 구체적으로 무엇을 준비하면 좋을지 살펴보자. 먼저 평소 고인의 정신건강 상태가 지극히 정상이었고 별다른 문제 없이 지내다가 특정한 업무 관련 사건 이후 급격한 정신적 이상 상태를 보이며 돌발적으로 자살에 이르게 되었다면 고인의 유서, 이메일, 일기, 메신저, 휴대폰 메모, 동료의 증언, SNS, 지인과의 대화 기록 등을 통해 특정한 사건으로 급작스럽게 업무상 부담을 느끼거나 매우 높은 업무상 스트레스가 있었는지 자세히 살펴보아야 한다. 특히 정신과 치료기록이 없는 경우가 대부분이기에 업무 과중과 돌발 자살의 인과성을 입증할 자료를 치밀하게 찾도록 한다.

다음으로 평소 고인이 정신질환을 앓아 지속해서 치료받던 중 과중한 업무로 인한 압박, 장시간 근로 등으로 기존의 정신질환이 악화해 정신적 이상 상태에 이르러 자살하게 된 경우가 있다. 이때 고인이 사망 직전 정신과 상담 등을 받았을 확률이 높으므로 과중한 업무 때문에 힘들다는 호소가 상담 내용에 있는지 확인하고, 과중한 노동과 업무 스트레스 때문에 우울증이 악화되었는지의 여부를 알 수 있는 자료를 찾아야 한다. 만약 평소 앓던 정신질환이 이미 산업재해로 판정되었다면 이를 원인으로 한 자살은 업무상 재해로 인정될 가능성이 높다.

평소 건강했던 고인이 어떤 업무 관련 사건 이후 정신적 스트레스가 심해져 정신질환을 얻고, 이후 비슷한 업무 관련 사항 때문에 견디지 못할 정도로 압박과 스트레스가 극심해져 자살에 이른 경우가 있을 수 있다. 이때 혹시 고인이 휴직 등을 하고 싶어 했으나 업무 과부하로 불가했던 사실이 있다면 이 때문에 적절한 치료 및 안정을 갖지 못했다는 점, 게다가 업무 관련 압박이 지속해서 이루어짐에 따라 정신적 이상 상태가 되어 자살에 이르렀다는 점을 논리적으로 입증해야 한다. 고인의 생활반경 안에서 기록을 꼼꼼하게 살펴 과중노동과 업무 스트레스로 우울증이 발생했는지, 정신질환 발병으로 치료받은 일이 있는지 세심하게 확인하고 입증자료를 서둘러 확보하는 것도 중요하다.

정리하면 자살에 이른 일련의 과정이 어떻든 간에 과로를 원인으로 정신질환이 발병 또는 악화한 사실을 입증할 가장 간단한 방법은 고인이 사망 전 정신과에서 진단받고 치료받은 의무기록을 제출하는 것이다. 고인의 의무기록을 찾을 수 없다면, 혹은 고인이 평소 정신질환을 앓고 있지 않았다면 면 고인의 수첩, 일기, 동료의 증언 등을 통해 고인이 과중한 업무로 정상적인 인식능력이 뚜렷하게 저하되었고 이로 인해 자살했음을 입증하면 된다. 즉, 고인의 정신과 치료 기록이 반드시 있어야 업무상 재해로 인정받을 수 있는 것은 절대 아니다. 중요한 점은 자살 직전 고인의 업무 스트레스가 극에 달했고 이 때문에 정신적 이상 상태에서 자살에 이른 구체적 요인과 상황을 정확하게 입증하는 것이다.

지금까지 과로죽음이 발생했을 때 알아야 할 점, 필수적으로 준비할 자료, 그리고 확인해야 할 사항들을 살펴보았다. 과로죽음을 산업재해로 인정받고자 할 때 소멸시효에도 유의해야 한다. 소멸시효는 권리의 존속기간인데 제척기간과 달리 중단이나 정지가 가능하다. 고인의 과로사·과로자살을 업무상 재해로 인정받아 장의비, 유족급여를 받기 위해서는 산재법 제112조에 따라 고인의 사망 이후 5년 안에 산재보험급여를 신청해야 한다. 만일 고인이 4년 11개월 전에 과로사 혹은 과로자살했다면 1개월 이내에 신청해야 한다. 신청하는 순간 시효가 중단되므로 1개월 안에 업무상 재해를 인정받아야 하는 것은 아니다.

한편, 과로죽음에 대한 손해배상 청구도 가능하다. 회사의 안전배려 불이행에 따른 손해배상을 청구하면 고인의 사망일로부터 5년의 소멸시효가 적용되지만, 회사의 불법행위에 대한 손해배상 청구권의 경우에는 소멸시효가 고인의 사망일로부터 3년이다. 보통 산업재해보상보험법을 통해 산재보험급여 신청을 한 뒤 민사상 소송을 진행한다는 점을 고려해 손해배상 청구의 소멸시효가 지나지 않도록 담당 변호사와 처음부터 긴밀하게 논의할 것을 추천한다.

제2장

과로죽음을 받아들이기

1.
남겨진 우리

과로사·과로자살은 갑작스럽게 일어난다. 예고 없이 가족, 친구, 동료를 떠나보내고 보통의 일상이 무너진 이들이 과로죽음을 온전히 마주하기란 쉽지 않다. 슬픔, 분노, 억울함 등 과로죽음 이후 남겨진 사람들이 경험하는 감정의 종류는 매우 다양하다. 말할 수 없는 충격과 고통, 떠난 이에 대한 배신감과 상실감, 떠난 이를 지켜주지 못한 죄책감 등과 같은 복잡한 감정을 겪으며 한편으로는 분노나 배신감을 느끼는 것이 정상인지 불안해하며 고립감에 휩싸이기도 한다.

과로사·과로자살 사건 직후 남겨진 사람들에겐 슬퍼할 시간, 애도할 시간이 충분하지 않다. 사건 직후의 여러 절차를 겪으며 가족은 더 많은 상처를 받는다. 이 과정에서 이들은 사막 한가운데 홀로 내던져진 외로움을 겪으면서도 이성적으로 행정 처리를 할 수밖에 없는 상황에 당혹감을 느낀다. 병원에 가서 사망진단서를 발행하고, 경찰서로 가서 진술서를 작성한 뒤, 장례식장으로 가 마치 침착함을 되찾은 것처럼 조문객을 맞이한다. 이런 일들을 힘겹게 하나씩 넘을 때마다 죽음에 관한 의문은 머릿속에서 계속된다. 그리고 그가 일 때문에 사망했다는 것을 알게 된다.

아래 이야기는 과로사나 과로자살 소식을 접한 직후 우리 유가족들이 겪은 상황과 마음을 솔직하게 정리한 것이다.

1 ‖ 너무 긴 악몽

유가족 이수현:
택시 운전을 하던 남편(40대 후반)이
장시간 근로로 인해 과로사.

나는 지금 정상이 아닌 것 같다

끔찍했던 그 날은 2018년 3월 새 학기 첫날이었다. 출근길에 멀리 떨어져 일하는 남편에게 전화했지만 받지 않았다. 처음엔 그러려니 했는데 몇 번을 걸어도 받지 않으니 초조해지기 시작했다. 며칠 전 몸이 좋지 않다던 남편의 전화를 끝으로 푹 쉬라는 생각에 어제는 통화하지 않았던 터라 목소리가 듣고 싶었다. 끝내 통화하지 못하고 '바쁘더라도 병원에 꼭 들러. 약 꼭 챙겨 먹어'라는 메시지를 남겼다.

메시지를 보낸 지 얼마 안 되어 남편의 옆집에 사는 동료로부터 연락이 왔다. 출근 시간이 한참 지났는데도 남편이 나오지 않았고 전화도 안 받는다면서 남편 숙소 출입문 비밀번호를 알려달라는 것이다. 느낌이 좋지 않았다. 불길한 생각을 애써 외면하며 비밀번호를 보냈다. 몇 분이나 지났을까. 낯선 번호로 전화가 걸려왔다. 수화기 너머로 건조한 목소리가 들려왔다. "○○경찰서 ○○○입니다. 이수현 씨입니까? ○○○ 씨가 방 안에서 사망하신 채로 발견되었으니 가급적 빨리 ○○경찰서로 오시길 바랍니다."

큰 둔기로 뒤통수를 세게 얻어맞은 듯 머리가 멍했다. 내가 지금 무슨 말을 들은 건지 알 수가 없었다. 내 남편에게 무슨 일이 일어났다는 것 같다. 남편이 있는 거제도에 내려가 확인해야 하는데 거길 어떻게 가야 하는지조차 도통 생각이 나지 않았다. 사시나무 떨듯 내 의지와 상관없이 몸이 떨리는데 이상하게도 나는 업무를 하고 있었다. 이윽고 동료들에게 오늘

일을 못 하겠다고, 죄송하다고 말하고 일단 집으로 가는데 그제야 집에 있는 딸아이가 생각났다. 아빠가 돌아가셨으니 오늘은 학원에 가지 말라고 말해야 하나? 친정 부모님에게 와 달라고 할까? 말을 고르며 아무리 노력해도 통화했던 담당 형사가 경상도 사투리로 전한 남편의 '사망'이라는 단어밖에 떠오르지 않았다. 꽉 막힌 도로 위에서 딸아이와 친정 부모님께 남편의 사망 소식을 알렸다.

남편을 집으로 데리고 와야 하는데 도움을 요청할 데가 생각나지 않았다. 가입했던 상조회사에 절차를 묻고 있는 나 자신이 한심했다. 울어대는 딸과 부모님에게 남편의 상황을 확인하게 해선 안 된다는 책임감으로 혼자 거제도로 향했다. 담당 형사는 최대한 빨리 오라는 전화를 몇 번이나 걸어왔다. 운전할 엄두가 나지 않아 비행기를 탔다. 남편이 죽었는데 옆자리 노부부와 대화도 했다. 승무원에게도 미소를 띠며 "커피 주시겠어요?"라고 말했다. 내 모습이 당황스럽고 경멸이 느껴졌다. 남편이 죽었는데.

죽어서도 만나기 어려웠던 아픔

남편의 죽음을 담당 형사에게 통보받은 지 6시간이 훨씬 지

"아이에겐 표정이 없어요. 생각 없이 나비와 풍
선을 쫓을 뿐 어디로 가야 할지는 몰라요. 무작
정 앞을 향해 가는 아이가 제 모습 같아요."

— 심리 치유 프로그램에서 이수현 씨가 그린 그림

나 남편이 있는 곳에 도착했다. 남편이 보고 싶었다. 하지만 남편 얼굴을 확인도 못 한 채 사건 조사를 받아야 했다. 2시간에 걸친 조사를 받는 중에도 내가 무슨 말을 하는지, 무슨 생각을 하고 있는지 모르겠고 내가 아닌 기분이었다. 형사가 질문할 때마다 남편을 돌보지 못했다는 죄책감이 들었다. 내가 그를 이렇게 만들었구나. 담당 형사는 검사의 결재가 있어야만 남편의 장례를 치를 수 있다고 했다. 하지만 담당 검사가 통영지청 소속이라 시간이 걸린다고 한다. "연락을 드리겠습니다. 우선 집에서 기다리고 계세요."

그때 나는 남편을 데리고 내 딸이 있는 집으로 가고 싶다는 생각뿐이었다. 검사든 뭐든 상관없을 것 같았다. 남편의 마지막 자취를 확인하기 위해 거제까지 왔는데 만나지도 못하고 있다는 걸 이해할 수 없었다. 우리 가족은 생활비를 아끼려 몇 달에 한 번 만나 짧은 일정을 함께 보냈다. 나머지 시간은 서로에 대한 염려와 그리움으로 보낼 뿐이었다. 무슨 일이 있어도 오늘 거제도에서 일산 집으로 남편을 모시고 가겠다고 울며 사정했다. 나는 남편을 빨리 보여 달라고, 형사는 그럴 수 없다고 실랑이하는 도중에도 거제도가 지긋지긋하다, 사투리만 들어도 짜증이 난다고 농담처럼 투정했던 남편의 말이 맴돌았다.

하루가 지난 후에야 검사의 결재가 떨어져 남편을 볼 수 있었다. 그날 바람이 참 거칠고 추웠다. 또 한참을 기다려서야 만난 검사는 형사가 했던 질문 몇 가지를 내게 되묻고 나서야 남편을 데리고 가도 좋다고 허락했다. 남편을 바로 만날 수 없는 무수히 많은 절차가 너무 원망스러웠다. 억울하게 억류되었던 곳으로부터 난 살아서, 남편은 주검으로 풀려난 것 같았다.

나 때문이야

남편은 내가 사준 두터운 잠옷 바지와 10년도 더 되어 늘어지고 빛바랜 티셔츠를 머리맡에 두고 벌거벗겨진 몸으로 입을 쩍 벌린 채 좁은 침대 위에 누워 있었다. 남편이 누운 침대 언저리에 가만히 섰다. 마누라가 왔는데 미동도 없는 남편이 이상하다고 생각했다. 가까이 다가갔지만, 나를 반겨주지도 아는 체하지도 않았다. 그런 남편을 깨워보고 싶었다. 나와 알몸의 그를 지켜보고 있는 영안실 직원이 몹시 신경 쓰였다. 혼자서 남편을 보고 싶다고 말하고 싶은데 목소리가 나오지 않았다. 평소에도 보고 싶다고, 그립다고 표현하기 부끄러워 마음을 드러내지 않던 나는 그날도 남편에게 이게 무슨 일이냐고, 일어나 보라고 말 한마디 못 했다. 무표정한 얼굴로 마음으로만 절규하고 있었다.

남편은 가끔 업무에 대한 고충을 털어놨었다. 자꾸만 그 생각이 나서 괴로웠다. 내가 나빴다. 그냥 빨리 일을 그만두라고 해야 했다. 돈 몇 푼에 남편을 팔아버린 것 같다. 마치 사악한 포주가 되어 남편을 사지로 몬 것 같다. 움직이지 않고 가만히 누워있는 남편의 모습을 보다가 남편이 동료 직원 여럿의 죽음에 관해 이야기했던 게 갑자기 떠올랐다.

남편의 거제도 숙소로 갔다. 집안에 들어서니 남편의 마지막이 보이는 듯했다. 출근할 때 들고 다니던 가방과 소지품은 언제나처럼 책상 위에 가지런히 정돈되어 있고, 퇴근 후 벗어둔 옷은 옷걸이가 아닌 식탁 위에 순서대로 쌓여 있었다. 주방 개수대 안에는 몇 젓가락 먹지 않고 남겨둔 라면이, 프라이팬 안에는 몇 조각의 부친 두부가 있었다. 허름한 옷을 입고 퉁퉁 불은 라면을 먹으며 고된 일을 견뎠을 남편의 외롭고 힘든 날들이 눈앞에 보이는 것 같았다. 남편은 원래 깔끔했다. 이불과 옷가지를 세탁하고 설거지도 했다. 남편의 가방 속에 있던 물건들을 꺼내 내 가방 속에 챙겨 넣었다. 그의 지갑, '나의 영웅 아빠에게'로 시작하는 딸의 편지들, 입사 이후 하루도 빠지지 않고 작성한 업무일지 등이다. 이런 남편을 내가 사지로 몰아넣었구나. 내가 너무 미웠고 남편에게 미안해서 죽을 것만 같았다.

고스란히 버텨야 할 혼자만의 몫

장례를 치르는 데에도 힘겨움이 계속됐다. 남편의 주검을 확인하고 난 후 잠깐이라도 혼자 있고 싶었지만, 딸과 부모님, 남동생이 장례식장에서 퉁퉁 부은 눈으로 날 기다리고 있었다. 아무 일도 없었던 사람처럼 식구들의 식사와 잠자리를 챙겼다. 급히 예약해 장례 준비가 덜 된 썰렁한 빈소에서 잠든 딸의 얼굴을 바라보니 주체 못 할 슬픔에 눈물이 쏟아졌다. 이른 새벽이 되어서야 장례를 시작하는데 몸과 마음이 너무 아파 숨쉬기조차 어려운 나에게 주어지는 일이 너무 많았다. 아직도 남편의 죽음이 낯선데 장례식장에서는 수습 비용과 재료비, 인건비 등 갖가지 명목을 이야기하며 처리를 종용했다.

　뭐든 아끼고 아끼며 치열하게 살았던 남편은 세상 어디에도 없는데 남편의 이름과 여러 지출내역이 적힌 영수증만 남았다. 건강검진을 받으러 가기 힘들 정도로 피곤함에 절었던 남편이 죽고 난 뒤, 병원 이름이 인쇄된 여러 장의 종이 위에 남편의 이름도 찍혔다. 심장이 죄어오는 것 같았다. 이런 내 마음과는 달리 남편의 사망 소식에 장례식장에 모인 직장 동료들은 씩씩하고 활기 넘쳐 보였다. 동료들이 보기 싫었다. 남편의 마지막을 발견한 동료는 더 일찍 가보지 못해 미안하다고 조심스럽게 말했다. 마음속으론 당신이 조금만 더 신경 썼더라면 이런 일이 일어나지 않았을 거라 말했다. 하지만 내 입에선 당신 탓이 아니니 미안해하지 말라는 말이 나오고 있었다. 장례 내내 회사가 내 남편을 죽인 것 같은 마음에 화가 났지만, 화를 들키면 안 되는 사람처럼 예의를 갖췄다. 그곳에 서 있기 버거웠다. 모든 과정에서 혼자 외로이 너무 아팠다.

남편의 이름 앞에 붙은 '고故'라는 낯선 한자. 젊은 시절 남편의 사진은 환하게 웃고 있었다. 그걸 바라보는 검은 상복의 딸과 나. 악몽을 너무 오래 꾸고 있는 것 같다.

장례를 마치고 온전히 혼자 있고 싶어 아이를 반강제로 학원에 보냈다. 내가 걱정되어 자꾸만 집에 오시려는 친정 부모님을 못 오시게 하고는 혼자 있는 시간에 미친 듯이 울어댔

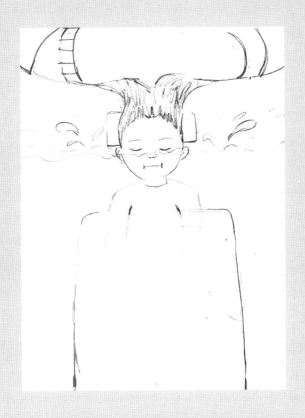

"남편이 없는 앞날은 두렵고 답답한 물 속 같아
요. 나는 물 안에 갇혔지만, 자고 있을 때가 가
장 편안해요. 부모님과 딸에게 슬픔을 보여주
기 싫어서 애써 웃어야 하니까요."

- 심리 치유 프로그램에서 이수현 씨가 그린 그림

다. 살아있다면 얼마나 좋을까. 끝없는 슬픔에 잠겨 시간을 보내다가도, 죽지 않았더라면 여전히 고단했을 일상이 그려져 그가 먼저 떠나길 잘했다는 말도 안 되는 위로를 해보기도 했다. 아쉬운 일이 생길 때마다 절실히 남편을 찾는 이기적인 나를 발견할 때마다 죄책감이 들어 괴로웠다.

걸려오지 않는 남편의 전화는 체념했지만, 여전히 나는 남편이 우리 가족을 떠났다는 걸 인정할 수 없었다. 남편이 죽은 이후 '딸과 나의 생활비'라는 짐이 내 어깨에 무겁게 내려앉았지만, 떠난 남편의 짓눌린 삶과 다를 게 없으니 힘들다는 투정조차 죄스러울 따름이었다. 그렇게 나는 아프고 힘들었을 남편을 비로소 이해하며 악몽 같은 시간을 보냈다. 눈을 뜨면 죽고 싶고 잠이 들면 깨어나지 않았으면 하는 바람을 반복했지만, 딸과 부모님께 남편의 죽음에 더할 슬픔을 남겨줘선 안 된다는 다짐으로 견뎠다.

남편의 죽음으로 기울어진 경제상황도, 큰 상처를 받은 딸아이도, 기력 없이 축 처진 모습의 노부모도, 혹시 모를 타인들의 눈초리도 내겐 이겨낼 자신이 없는 공포들이었다. 그렇게 하루하루를 버티며 시간을 흘려보냈다.

2 ‖ 그만두라고 말하지 못했다

유가족 김지현:
대기업 연구원으로 근무하던 남편(30대 후반)이
희망퇴직 압박과 직장 내 괴롭힘으로 과로자살.

슬퍼할 시간조차 없다

"이제 더 이상 일을 할 수 없을 것 같다… 회사에 가고 싶지 않다. 상사가 두렵다…"

대기업에 다니던 남편의 휴대폰 속 메모다. 인간을 도구화하는 회사의 비인간적인 태도, 지시한 일을 수행하지 못했을 때 무능한 구성원으로 낙인찍는 상사, 회사에 열정을 갖고 일하는 것이 근로자의 전부라는 규범을 개인에게 내재화하는 회사의 시스템이 남편을 무참히 살해했다.

새벽 1시쯤이었다. 회사 당직실로부터 전화가 왔다. 남편이 죽었으니 확인하러 오라고 한다. 정신을 놓지 않기 위해 애쓰며 시부모님과 여동생에게 연락했다. 자세한 상황을 설명할 수가 없었다. "죽었다, 형부가. 추락사인 것 같다"라는 말만 하고 전화를 끊었다. 점점 희미해지는 의식을 다잡으며 흘러나오는 눈물을 참았다. 뭐부터 해야 하는 거지. 순서를 알아야 해. 정신 차리자. 상대는 대기업이고 시간이 지체되면 남편의 죽음이 은폐될 게 분명했다.

장례도 치르기 전에 회사는 상황 정리에 분주했다. 그런 회사의 태도를 보며 화가 났다. 아직 만 하루도 지나지 않았는데. 남편의 갑작스러운 죽음을 받아들이고 슬퍼할, 아니 화낼 시간조차 내겐 허락되지 않았다. 회사는 계속 전화를 걸어오고 경찰은 자꾸 조사를 하자고 한다. 유가족의 입장은 전혀 생각하지 않고 정해진 업무를 빨리 끝내려고만 하는 경찰의 태도에 상처받는 것도 내 몫이었다.

경찰 조사를 받으며 머릿속이 복잡했다. 남편의 죽음에 관한 중요한 진술인데 내가 아는 건 한정적이다. 남편은 분명 회사에서 압박을 받았는데 이걸 증명할 객관적인 자료를 어떻게 찾아야 할지 모르겠다. 옆에 있는 시아버지는 소리치며 울고만 있고 이 경찰서에서 날 대변해줄 사람은 없다. 슬퍼하면 안 된다. 이제 내가 의지하던 사람은 돌아오지 않는다. 모든 상황을 내가 판단하고 내가 결정해야 한다. 어느 순간 감정이 없는 사람이 됐다. 또렷한 목소리로 경찰 조사를 받았다. 남편의 억울함을 풀어야겠다는 생각뿐이었다.

조사를 마치고 장례식장에 도착해보니 친정 식구들이 와

"남편의 죽음 이후 혼자 해결해야 하는 일들이 나를 짓누른다. 나는 지팡이 하나에 의지해 무너지지 않으려 안간힘을 쓰고 있다."

－ 심리 치유 프로그램에서 김지현 씨가 그린 그림

있었다. 눈물은 가뭄이 든 땅처럼 메말랐다. 동생은 내가 정신이 나간 사람 같다고 했다. 아니다. 내 온 정신은 남편의 죽음을 증명하는 데에만 쏠려 있었다. 장례를 곧바로 치를 것인지 회사와 옥신각신하는 사이 남편의 상사 둘이 찾아왔다. 회사 안에서 업무적 마찰은 없었다고, 회사 내부에서 사망한 것이 아니기 때문에 산업재해 절차에 협력할 수 없다고 말했다. 그제야 눈물이 터져 나왔다. 남편의 존재가 회사에서 이 정도였구나. 그들은 사과하지 않았다. 그렇게 힘들었는데 왜 회사를 그만두지 않고 극단적인 선택을 했느냐, 다른 문제가 있었던 건 아니냐며 내게 되물었다.

장례를 치르기로 결정하기까지 사흘이 걸렸다. 며칠 동안 선택하고 대응해야 할 많은 일들이 나를 짓눌렀다. 남편의 죽음을 제대로 인식하기도 전에 기계적으로 일을 처리할 수밖에 없는 나 자신이 불쌍했다.

원망과 죄책감의 소용돌이

나는 지금 남편의 죽음을 슬퍼할 자격이 없다. 남편의 억울한 죽음을 해결하지 않고서는. 그렇게 마음먹었지만, 모든 결정도 책임도 내 몫이라니 미쳐버릴 것 같았다. 이제 겨우 생후 70일이 된 아이를 안고 있으니 막막하기만 했다. 주위 사람들은 회사에 대응을 잘해야 유리한 자료를 받을 수 있다고 했지만, 장례식장에서부터 회사는 어떤 자료도 제공할 의사가 없어 보였다. 회사는 산재 신청에 협조적이지 않았다. 그들은 이미 남편 컴퓨터의 자료를 삭제하고 우리의 회사 출입도 막았다. 상사의 개인 휴대폰으로도 연락해 출퇴근 기록과 컴퓨터 열람을 요구했지만, 아무 대답도 없고 전화도 받지 않았다. 회사에 전화할 때마다 그들은 인사과에 전화해라, 담당 부서에 알아보라며 서로 일을 미뤘다. 대체 누구에게 이 문제에 관해 물어야 하는지 답답하기만 했다.

억울한 마음에 노동부 근로감독관을 찾아갔다. 유족이 출퇴근 기록 자료를 넘겨받을 권리에 대해 물었는데 의무는 있지만 법에 따른 제재를 받지 않기 때문에 회사에서는 자료를 제공하지 않아도 된다는 것이 답변이었다. 사람이 죽었는데 태연하게 회사의 이익만 생각하고, 처벌을 받지 않으니 이런 과로자살이 생기는 거라고 생각했다. 지금의 제도로는 결국 남편의 과로자살을 둘러싼 진실과 산재 신청 과정에 관한 정보도 전혀 없이 공황상태에 빠져있는 유가족인 내가 알아서 밝혀야 한다는 걸 깨달았다. 너무 잔인하다. 그리고 다시 남편을 원망했다. 이 모든 걸 나에게 맡겨두고 이기적인 선택을 한 남편이 너무도 미웠다. 그리고 내가 처한 상황을 이해할 수 없었다. 왜 내가 이런 일들을 해야 하지? 그가 만약 살아 돌아온다면 당신과 똑같은 방법으로 죽을 테니 혼자 한번 감당해보라고 하고 싶었다.

하지만 몇 달 전부터 남편은 동료와의 관계에 대해 내게 하소연했다. 희망퇴직 이야기도 했었다. "회사 그만두고 학원 선생을 할까? 난 분명히 잘 가르칠 수 있을 거야. 요즘 나한테 심하게 하는 사람이 있는데. 나한테 왜 화가 났는지 모르겠어. 동료와 관계 맺는 게 쉽지 않은 것 같아." 나는 남편의 우울감이 약물치료를 받으면 괜찮아질 거로 생각했다. 하지만 아니었다. 남편이 힘들다고 했을 때 그만두라고 해야 했는데. 시간을 되돌리고 싶었다. 하지만 이 잔인하고 암울한 현실에서 남편에 대한 원망과 죄책감을 뿌리치며 앞으로 나와 함께 살아갈 아이만 생각했다. 그렇게 버틸 수밖에 없었다. 그게 최선이었다.

"남편이 좋아했던 걸 그렸어요. 일을 엄청나게
많이 한 날엔 그냥 저와 나란히 앉아 텔레비전
을 보거나 휴대폰으로 노는 걸 좋아했어요. 바
보같이 남편이 힘든지도 몰랐어요."

– 심리 치유 프로그램에서 김지현 씨가 그린 그림

3 ‖ 슬픔 이후 홀로 떠안은 과제

이수현 씨는 운수업체에서 일하던 남편의 과로사 이후 겪은 일, 절차, 마음 상태와 변화를 글에 담았다. 부적절하다고 생각되는 행동을 하다가 스스로 놀라기도 하고, 밀려드는 절차 처리에 진이 빠지기도 했다. 일하다 사망한 남편에 대한 죄책감과 갑자기 모든 일을 혼자 결정해야 한다는 두려움과 막막함도 느꼈다.

과로사·과로자살 유가족들은 가까운 사람의 죽음이라는 상황에 자신의 감정을 드러내기 쉽지 않다. 이 상황을 해결하고, 또 다른 남겨진 이들에게 고인의 죽음을 어떻게 알릴지 고민하느라 모든 에너지를 소진한다. 특히 과로자살의 경우 자살에 대한 사회적 낙인, 가족의 죽음이 개인의 나약함이나 가족의 문제로 취급되는 것을 두려워한 나머지 죽음의 이유를 밝히지 못하는 경우도 있다. 그들은 고인의 자살을 막지 못했다는 타인의 시선으로부터 자유롭지 못하고, 이로 인해 가족을 잃은 슬픔 이외의 고통으로 이중고, 삼중고를 겪는다. 이와 동시에 진상을 밝혀야 할 많은 일들을 남겨두고 죽음을 선택한 고인을 매우 크게 원망하기도 한다.

하지만 복합적인 감정에 휘말릴 수밖에 없는 건 당연하

다. 언제 어떤 감정을 겪더라도 이를 받아들이고, 들여다보고, 할 수 있는 것을 하며 살아가는 것이 최선이다. 슬픔, 상실감, 괴로움, 외로움, 절망의 정도는 사람마다 다르고, 고인과 회사, 회사 동료들, 심지어 본인에게 원망이나 분노를 느껴도 이는 잘못되거나 부적절한 것이 아니다. 어떤 상황에 걸맞은 태도가 정해져 있지도 않다. 유가족이 보여야 할 올바른 행동과 도덕적인 태도란 없으며, 때가 되면 식사하고 잠도 자야 한다. 또 다른 사람들을 걱정하고 보살필 수도 있다. 이 역시 마땅히 존중받아야 하고, 남의 시선을 의식해 움츠러들 필요는 없다.

처음 유가족들이 어려움을 겪는 것 중 하나는 고인의 죽음 이후 어떤 행정 절차가 기다리고 있는지, 왜 필요한지, 과로죽음을 인정받기 위해 이 절차에 어떻게 임해야 유리할지에 관해 전혀 알 수 없다는 점이다. 단시간에 처리해야 하는 각 과정을 겪을 때마다 고인의 죽음이 억울하게 마무리되는 것은 아닐까 하는 두려움으로 극심한 스트레스를 겪는다. 유가족이 처음 만나는 기관인 경찰의 초기 대응과 조사 과정에도 문제점이 지적된다. 한 유가족은 배려나 감수성이 결여된 조사관의 질문, 부부관계나 채무 갈등 여부와 같은 추궁이 더욱 고통스러웠다고 털어놓았다. 행정 절차를 담당하는 경찰, 공무원 등이 산업재해와 관련한 정보와 지식을 가지고 조언한다면 좋겠지만, 현실적으로 한계가 있다. 따라서 행정 절차 내 산업재해 인식과 조사의 필요성을 꾸준히 제기하는 것은 이를 먼저 경험한 과로죽음 유가족의 역할일 것이다.

이외에도 유가족들을 괴롭히는 것 중 하나는 순전한 슬픔에 더해 사망의 원인을 규명하고 책임질 사람들을 찾아내야 한다는 의무감까지 느끼는 점이다. 과로사·과로자살에 관심이 없었거나 생각도 해보지 않은 가족들은 갑자기 커다란 상실감을 가진 채로, 과로죽음을 제도적으로 증명해야 하는 낯선 과제까지 떠안게 된다. 고인의 죽음이 과로죽음임을 입증해야 하는 것은 유가족의 몫이기에 자료와 정보를 어떻게 모을지 고민해야만 한다. 어떤 유가족은 막연히 어려울 것으로 생각해 포기하거나 혼자 결정해야 하는 두려움으로 시도조차 하지 않는다. 사례의 김지현 씨도 산업재해 신청을 준비하며 누구에게 물어야 할지 어떻게 준비해야 할지 아무것도 모르는 자신이 무기력하게 느껴졌다고 말했다.

그때 사회와 제도는 전혀 친절하지 않다. 그러나 많은 유가족이 그렇게 했듯 부디 용기를 내 행정 절차와 산재 인정 절차를 차근히 준비하길 바란다. 이 과정에서 겪는 정신적, 육체적 피로가 고인을 향한 배신감과 원망, 자신이 처한 상황에 대한 한탄과 자책을 심화할 수 있지만, 놀라지 말고 자신의 마음 상태를 주변 사람들에게 솔직히 말하며 도움을 요청해야 한다.

모임에서 만난 어느 유족은 남편의 회사를 상대로 산재를 신청하는 것이 남편이 몇십 년 동안 재직했던 회사에 누를 끼치는 게 아닌지 고민이라고 했다. 그런데 산재 신청을 하지 않기로 한 뒤에는 눈물이 멈추지 않았고 마음이 무거워 견딜 수 없었다. 그는 결국 마음을 바꿔 남편이 죽은 이유를 알아야겠다며 산재 신청을 결심했다. 슬픔을 극복하고 고인을 애도하며 결국 작별을 고하는 죽음과 달리 과로죽음은 산업재해 신청으로 그 원인을 밝혀야 한다. 그래야 울분을 조금이나마 해소할 수 있다.

2.
과로죽음을 인정한다는 것

수많은 죽음의 형태 중 과로사 혹은 과로자살을 가까운 사람의 죽음으로 인정한다는 것은 우리에게 어떤 의미일까. 한국사회는 과로죽음에 관한 본질적인 이해와 인정을 거부하곤 한다. 한국인이 원래 성실해서 일을 많이 한다든지 요즘 세상에 그렇게 일하지 않으면 어떻게 먹고살겠느냐는 식의 체념이다. 과로나 일중독은 우리가 해내야 하는 것 또는 자발적인 습성으로 간주해 과로죽음을 개인의 몫으로 자연스레 넘긴다.

하지만 이런 사회적 인식으로는 반복되는 과로죽음의 악순환에서 구조적 원인을 결코 밝힐 수 없으며 이를 해결할 수도 없다. 따라서 과로사·과로자살을 사회구조적 문제로 인식하고 근본적인 메커니즘을 생각해봐야 한다. 지금의 성과주의 사회에서 일중독을 당연시하는 기업, 과로를 객관적이고 필연적인 일로 여기는 사회 분위기가 개인을 어떻게 죽음으로 몰아가는지 대중이 인식해야 한다. 그러기 위해 위험을 알면서도 과도한 성과주의와 일중독을 묵인하는 기업 행태, 정부 차원의 제도적 결핍을 끊임없이 말하고 이의 과정이자 결과로서 산업재해 신청 및 승인이 적극적으로 이뤄져야 한다.

고인의 죽음을 인정하고 나아가는 것은 과로죽음을 겪은 가까운 사람들에게 다양한 의미가 있다. 고인의 죽음을 과로죽음으로 인정하고 산업재해 신청 등의 방법으로 문제를 제기함으로써 나약해서 사망에 이르렀다는 오명에서 벗어나는 것이다. 이는 높은 책임감과 성실함으로 인해 사망했음을 밝히는 명예 회복을 의미한다. 나아가 과로죽음이 개인의 문제가 아닌 함께 힘을 합쳐 해결해야 하는 사회문제임을 드러내는 것이다.

유가족이 과로죽음을 인정하는 데에 주변 사람들의 역할도 중요하다. 고인의 죽음이 과로 때문은 아닌지 살펴보라는 주변의 조언에 따라 의미를 부여하게 된 유가족도 많다. 과로죽음 사건을 접했을 때 유가족을 도와 과로죽음을 밝히고, 사회적 문제로서 이의 해결을 위해 함께 노력한다면 한국사회 과로죽음의 심각성이 조금이나마 드러날 것이다.

1 ‖ 산재가 뭔데

유가족 송유진:
중소기업 생산직으로 근무하던 아버지(50대 중반)가
극심한 과로로 사망.

그날 전화 한 통을 받았다. 응급실로 급히 오라는 아빠 회사 동료였다. 아빠가 회사에서 일하다 사망했다고 한다. 소식을 들은 주변 사람들은 우리 가족에게 당장 산재 신청을 하라고 말했다. 업무 중에 사망하면 무조건 산재란다. 그때까지만 해도 우리 가족은 산재가 뭔지 몰랐다.

아빠는 평소 아침 7시가 조금 지나 출근하고 밤 9시나 10시에 퇴근했다. 내가 생각해도 과로사가 확실했다. 하지만 산재에 관해 아무 지식도 없던 나는 어디서부터 어떻게 해야 할지 막막했다. 아빠의 동료들 말대로 근무 중 사망일 때 당연히 산업재해 신청을 해야 하는 거라면 신청했을 때 자연히 승인되는 줄로만 알았다. 하지만 그건 오산이었다.

산업재해 신청을 할지 말지를 두고도 갈등이 많았다. 시작도 하기 전에 친척들은 승인이 드물고 준비도 쉽지 않다며 초를 쳤다. 염려하는 말이었다고 해도 우리 가족에게 실질적인 도움을 줄 것도 아니면서 무조건 하지 말라고 하니 분란만 생겼다.

아빠가 힘들게 일하다 떠난 사건을 아무 의미 없이 흘려보내기 싫었다. 열심히 일하다 돌아가신 아빠의 삶의 흔적을 인정받고 싶었다. 하지만 그 과정은 쉽지 않았다. 정말 산재 신청을 해야 하는지 수십 번 아니 수백 번 고민하고 나 자신에게 물었다. 내가 과연 할 수 있을지 두려웠다. 그런데도 내가 용기를 낸 건 아빠의 명예 회복을 위해서였다. 아빠의 죽음을 과로사로 인정하는 건 우리 가족에게 그런 의미였다.

결국 산재를 신청하기로 한 우리 가족은 모든 자료를 유가족이 직접 준비해야 하는 현실 앞에서 좌절하고 말았다. 엄마는 혼이 나가 있고 나는 직장을 다니며 아빠의 죽음을 증명하기 위한 서류 작업에 몰두했다. 몸이 하나인 게 원망스러웠다. 아빠의 고통을 살펴보고 곱씹으며 자료를 준비하기도 결코 쉽지 않았다.

노무사를 선임하고서야 짐을 조금 덜어낸 것 같아 안도했다. 비록 내가 유족이 되어 산재 신청을 준비하는 고된 과정을 겪고서야 과로죽음이 개인 문제가 아닌 과로를 종용하는 사회 구조적 문제임을 깨달았지만, 우리 아빠의 죽음은 결코 헛된 죽음이 아니었음을, 그리고 우리 아빠뿐 아니라 최선을 다해 열심히 살았던 모든 과로죽음을 세상에 밝히고 싶다.

2‖ 차라리 모른 척해줘요

유가족 김지현:
대기업 연구원으로 근무하던 남편(30대 후반)이
희망퇴직 압박과 직장 내 괴롭힘으로 과로자살.

그 일은 나에게 엄청난 충격이었다. 누군가 내 머리에 총을 겨누고 방아쇠를 당겼지만, 불행인지 다행인지 살아 있는 느낌. 그런 느낌이었다.

생각지도 못한 상황에 부닥쳤으니 누군가에게 내 상태를 설명하기가 쉽지 않았다. 장례식장 안에서 누군가 "도움이 필요하면 연락해라, 도와주겠다"라는 틀에 박힌 위로를 건넸지만, 가족의 안타까운 죽음 앞에서 이런 위로는 도움이 되지 않았다. 막상 한 줄기 희망이라도 잡아보려 연락했을 때 돌아온 반응은 미안하다는 말뿐이었다. 남편의 흔적을 찾기 위해 남편과 함께 근무하던 동료들에게 전화하니 누군가는 "이런 문제에 대해 쉽게 말할 수 있는 입장이 아니라는 거 다 알지 않느냐"라며 침묵했다. 남편의 동료 수십 명에게 전화했지만, 아무리 거부의 말을 들어도 익숙해지지 않았다. 시간이 갈수록 오히려 내가 살아 있다는 게 진저리나도록 생생히 느껴졌다.

정작 도와줬으면 하는 곳에서는 회사의 압력 운운하며 답변을 피했고, 주변의 관심은 오히려 늘었다. 특히 언론 보도 후에는 친구들이나 친인척의 관심이 나와 가족을 위축시켰다. 신문사 기자의 접근이나 TV의 보도가 유가족을 도우려는 순수한 호의가 아닐 수도 있다는 걸 깨달았을 때 마음의 상처는 더 컸다. 나를 직접적으로 도와줄 게 아니라면 차라리 조용히 모르는 척해달라고 주위 사람들에게 말하고 싶었다. 사람들은 물론 단순한 호기심으로 내 상황을 물어볼 수도 있다. 하지만 남편의 죽음을 아직 받아들이지 못한 나에게 질문이나 관심은 부담이 됐다. 나에겐 시간이 필요했다.

3 ‖ 일 때문에 죽었구나

유가족 박수정:
대학 교직원으로 근무하던 남편(40대 후반)이
잦은 배치전환 등 직장 내 괴롭힘으로 과로자살.

남편이 차 안에서 그렇게 되었다는 전화를 받았다. 어서 남편의 시신을 집으로 데려와야 한다. 다른 생각은 들지 않았다. 남편을 내 옆으로 데려오기 위해 나는 경찰이, 구급대원이, 장례식장 직원이 시키는 대로 했다. 그렇게 남편을 데리고 겨우 장례식장에 들어왔다.

　남편과 함께 머문 장례식장 안에서, 우리 네 식구가 함께하는 운구차 안에서 이상한 안도감이 들었다. 정말 네 식구가 함께 있는 것 같았다. 이런 안도감이 당혹스러운데도 모든 사고가 정지해 있었다. 그래서였는지 남편의 죽음에 관한 회사의 태도는 생각하지 못했다. 남편 회사의 노조위원장이 장례식을 멈추고 회사에 책임을 묻자고 했을 때 단칼에 거절했다. 남편이 그렇게 죽었는데 장례를 치르지 않고 남편을 기다리게 하고 싶지 않았다. 시체 장사나 다름없지. 힘들게 죽은 사람을 냉동고에 넣어두고 나 살자고 울부짖는 것 같아 싫었다.

오히려 이 불편한 안도감을 계속 느끼고 싶었다. 안도감이 사라졌을 때가 두려웠다. 견디지 못할 것 같았다.

하지만 장례를 마치고 그 감정은 회사에 대한 배신감으로 변했다. 한참 후에야 뉴스를 보고 사람이 일하다 죽을 수도 있다는 걸 알았다. 내 남편도 그랬구나. 잘못된 업무 방식이 아니었으면 적어도 그렇게 죽진 않았겠구나. 그러나 이런 생각으로 나아갔을 땐 회사가 이미 남편의 모든 것을 치워버린 뒤였다. 갑작스러운 남편의 과로자살로 사고가 마비되었던 찰나, 나는 안도감에 속아 남편 죽음의 원인을 밝힐 때를 놓쳤다.

4∥ 고인의 명예를 회복하는 일

위의 사례에서 과로죽음 사건 이후 대부분의 유가족은 가까운 친지나 지인으로부터 산재를 신청하지 말라는 조언을 듣는다. '힘든 과정을 네가 할 수 있겠느냐', '돈 때문이라면 가족들이 생계를 도와주겠다'는 등의 말로 만류하곤 한다. 과로사나 과로자살은 '일을 하던 노동자'가 갑자기 사망하는 것이기에 많은 경우 그와 경제공동체를 이루던 사람들에게 큰 경제적 부담이 된다. 어느 유가족은 조문객을 받으면서도 다음 달 생활비 걱정을 하는 자신에게 놀랐다고 고백했다. 경제적 문제는 많은 유가족이 공통으로 겪는 중요한 문제다. 물론 산재 승인 이후 경제적 도움을 받을 수 있지만, 가족의 죽음에 관한 모든 객관적 자료를 유가족이 준비해야 하고 노무사 등 전문가 도움을 받는 경우의 비용과 정신적·육체적 소모를 예상해 주위의 만류에 따라 산재 신청을 포기하기도 한다.

그러나 유가족이 산재 신청을 하려는 것은 고인의 죽음에 대한 진실을 알아야 진정으로 고인을 애도할 수 있고, 그것이 고인의 명예를 회복하는 길이기 때문이다. 그렇게 해야 비록 아픔이 가득할지라도 이후의 삶을 살 수 있다. 유가족의 마음을 이해하려 하지 않고 오히려 유족을 배려한다는 이유로, 혹은 경제적 보상 때문이라는 선입견으로 조언한다면 이는 유족에게 더 큰 상처가 된다. 그러니 유가족이 먼저 말할 때까지 기다리며 심리적으로 지지해주는 것이 중요하다.

유가족이 산재 신청을 결심했다면 산재 처리를 위해 필요한 것은 무엇인지, 어떤 방법으로 문제를 제기할 것이며 어떻게 함께 할 것인지 머리를 맞대고 고민할 때 유족들은 평생 잊지 못할 고마움을 느낄 것이다. 고인의 직장동료인 경우, 고인이 평소 얼마나 과로했는지 구체적으로 이야기해줄 수 있다. 동료가 아니어도 평소 고인이 장시간 노동, 성과 압박, 직장 내 괴롭힘 문제 등으로 고충을 토로한 메시지가 있거나, 관련 증거 자료가 있다면 고인의 죽음을 과로죽음으로 입증하는 데에 큰 도움이 된다.

일본의 르포 『어느 과로사』에선 자본주의를 '자기착취 사회'라고 한다. 내가 가난한 것, 회사에서 연장근무를 하는 것은 전부 나 자신이 부족하기 때문이라는 것이다. 이런 현상은 한국사회도 다르지 않다. 왜 우리는 스스로 자책할 수밖에 없을까? 궁극적으로는 왜 부조리한 사회구조와 자본주의 논리에 순응할 수밖에 없을까? 수많은 근로자의 과로죽음 때문에 등장한 '과로사방지법' 제정 논의 이후로도 우리 사회는 전혀 변한 게 없다. 마르크스의 말대로 타인(자본가)을 위한 노동이 아닌 인간의 권리로서의 노동을 통해 노동 밖에서의 인간다움을 찾을 수 있기는 할까?

우리는 그에 대한 답을 알고 있다. 상황이나 현실에 순응하지 않고 행동해야 한다. 나는, 내 가족만큼은 과로죽음 상황에 해당하지 않을 것이라는 현실 회피가 아니라 함께 목소리 낼 수 있는 용기가 필요하다. 이런 용기가 한데 모여 행동해야만 제도와 사회적 인식의 변화를 불러올 수 있다.

3.
죽음 직후의 절차들

가까운 사람의 과로죽음 이후 전반적 상황을 파악할 능력과 사회구조에 대한 이해가 부족하다면 일방적으로 당할 수 있다. 특히 가족의 죽음이라는 충격에서 빠져나오지 못한 채 아무 준비 없이 닥친 경찰 조사는 제대로 된 답변을 어렵게 한다. 유가족모임의 한 분은 사망한 남편의 얼굴조차 확인하지 못한 상황에서 다급한 마음에 경찰 조사를 흐지부지 끝냈다며, 혹 자신의 진술이 산재 신청에 불리한 자료가 되는 건 아닌지 걱정했다.

물어볼 곳도, 이 과정을 설명해둔 자료도 없으니 남겨진 사람들 입장에서는 상황이 너무 막막하다. 고인의 죽음을 산업재해로 인정받겠다는 의지만으로는 행정 절차에서 매번 겪는 부당함에 좌절하게 된다. 그리고 이 때문에 의욕 상실과 우울증에 빠질 위험도 있다. 죽음 이후 처리해야 하는 일련의 행정 절차, 특히 산업재해로 인정받기 위해 주의를 기울여야 하는 지점을 미리 알고 전략적으로 대응한다면 시행착오를 덜 수 있다. 따라서 이 절에서는 과로사와 과로자살 이후 공통으로 처리할 절차의 정보를 공유하고 중요한 사항을 안내하고자 한다. 물론, 각각의 세금, 보험 문제 등이 매우 다르기 때문에 여기서 모든 행정 절차를 소개하기에는 한계가 있다. 이에 남겨진 자들은 적극적으로 국가기관 및 전문가 등에 연락해 처리해야 하는 것들, 그리고 받을 수 있는 복지서비스가 무엇인지 확인할 필요가 있다.

1 ‖ 부검

과로사 그리고 과로자살의 부검은 어떤 경우에 해야 할까? 부검이 옳다고 어느 전문가도 단정적으로 대답하기 어려울 것이다. 하지만 유가족의 입장에서는 과로사의 경우 꼭 부검을 권하고 싶다. 최근에는 업무 관련 질환으로 뇌혈관질환과 심장질환을 포함하고, 이로 인해 발생하는 사망이 업무상 재해로 산재 승인되는 경우가 많기 때문이다. 부검이 고인을 두 번 죽이는 행위라며 금기시하는 정서도 있으나 추후 산업재해 승인에 부검 여부가 중요하게 작용할 수 있으니 신중하게 고려해 보아야 한다. 최근에는 부검하지 않아 사인 미상인 경우에도 따로 검토 회의를 거쳐 산재 여부를 판단하긴 하지만, 부검을 통해 사인을 분명히 하는 것이 산재 처리 과정에서 가장 기본이다.

우리 모임 안에 다음과 같은 두 사례가 있다. 남편이 과로 자살로 사망한 한 유족은 경찰 조사에서 부검을 권유받거나 필요성에 관한 설명을 듣지 못했다고 한다. 그의 남편이 뇌 심혈관질환으로 사망한 것은 아니므로 굳이 부검의 필요성을 느끼지 않았다. 또 다른 유족은 버스 기사로 근무하던 남편이 명절 연휴 장기간 운전으로 과로사한 경우였고, 경찰 조사 중 부검 여부를 결정해야 했으나 결국 하지 않기로 했다. 당시는 노무사를 선임하기 전이었고 자신의 결정에 확신도 없었다. 그런데 이들 모두 산업재해 신청을 하며 이를 후회했다고 말했다. 물론 부검 결과가 산업재해 승인에 어떤 영향을 미쳤을지 알 수 없지만, 증거를 수집하는 과정에서 부검으로 과로를 명백히 입증할 수 있었던 건 아닌가 하는 미련이 계속 남았다. 최근 과로사는 부검하고 과로자살은 하지 않는 경우가 흔한데 부검의 필요성에 관해 주변 전문가의 조언을 들어보는 것이 좋다.

2 ‖ 경찰 조사

과로죽음 발생 직후 유가족이 가장 먼저 직면하는 행정 절차는 경찰 조사다. 유가족들은 가족의 갑작스러운 죽음을 알고 공황 상태에 빠지는데 경황이 없는 그 와중에 경찰 조사가 진행된다. 유가족은 사건 자체에 대한 충격뿐만 아니라 뒤이어 진행되는 경찰 조사 과정에 당황스러움을 겪으며, 과로죽음에 관한 인식이 부족한 경찰관의 태도에 상처를 받기도 한다. 조사가 업무일 뿐이기에 경찰은 기계적인 태도를 보이기도 하고 유가족의 입장을 고려하지 않은 질문도 하니 유의해야 한다. 한 유가족은 경찰 조사에서 고인이 업무상의 이유로 죽게 된 것 같다고 토로했지만, 조사관이 그런 부분은 모른다며 묵살했을 때 굉장히 좌절했다고 말했다. 가족의 죽음 이후 처음 마주하는 상대인 경찰이 산업재해에 관한 기본 지식이 전혀 없으니 이 때문에 산업재해 신청에 거부감을 느끼기도 한다. 하지만 경찰 조사관이 산업재해 신청 절차를 알려주지 않더라도 절대 실망하지 않기를 바란다. 조사를 마친 후 차근히 준비하면 되므로 너무 조바심을 낼 필요도 없다. 이후 산재 신청에서 근로복지공단이 경찰 조사 자료를 요청하는데, 조사관이 산업재해와 관련해 구체적인 질문을 하지는 않으므로 불리하게 이용될 가능성은 적다.

경찰 조사에서는 주로 고인의 개인 신상, 사망 당일 또는 전날 있었던 일, 가족과 친구 간 갈등, 부채 문제 등의 질문을 받는다. 과로죽음은 사망하기 전 상당 기간 지속된 업무상 문제로 촉발되는 경우가 대부분이다. 초점이 잘못된 질문은 가뜩이나 혼란스러운 유가족이 고인이 힘들어한 진짜 이유를 떠올리지 못 하게 한다. 따라서 비록 조사관이 업무상 갈등 문제를 묻지 않더라도 고인에게 업무상 문제가 있었다면 이를 적극적으로 언급하고 조서에 남길 필요가 있다. 경찰이 작성한 사건 보고서는 정보공개 청구[17]를 통해 받아볼 수 있다. 정보를 충분히 받아보지 못하거나 내용을

---

17   공공기관은 청구를 받은 날부터 10일 이내에 공개 여부를 결정해야 하며, 부득이한 경우 10일의 범위 내에서 연장할 수 있다. www.open.go.kr

[자료1] 정보공개청구서 양식

■ 공공기관의 정보공개에 관한 법률 시행규칙 [별지 제1호의2서식]　정보공개시스템(www.open.go.kr)에서도　청구
할 수 있습니다.

정보공개 청구서

접수번호		접수일		처리기간

청구인	성명(법인·단체명 및 대표자 성명)		주민등록(여권·외국인등록)번호
	주소(소재지)		사업자(법인·단체)등록번호
	전화번호	팩스번호	전자우편주소

청구 내용	

공개 방법	[ ]열람·시청 [ ]사본·출력물 [ ]전자파일 [ ]복제·인화물 [ ]기타( )

수령 방법	[ ]직접 방문 [ ]우편 [ ]팩스 전송 [ ]정보통신망 [ ]기타( )

수수료	[ ]감면 대상임 [ ]감면 대상 아님
	감면 사유
	※ 「공공기관의 정보공개에 관한 법률 시행령」 제17조제3항에 따라 수수료 감면 대상에 해당하는 경우에만 적으며, 감면 사유를 증명할 수 있는 서류를 첨부하시기 바랍니다.

「공공기관의 정보공개에 관한 법률」 제10조제1항 및 같은 법 시행령 제6조제1항에 따라 위와 같이 정보의 공개를 청구합니다.

년　월　일

청구인　　　　　　　　　　(서명 또는 인)

(접수 기관의 장) 귀하

- -

접 수 증

접수번호	청구인 성명
접수부서	접수자 성명
	(서명 또는 인)

귀하의 청구서는 위와 같이 접수되었습니다.

년　월　일

접 수 기 관 장 　직인

유 의 사 항

1. 공개 청구된 공개 대상 정보의 전부 또는 일부가 제3자와 관련이 있다고 인정되는 경우에는 「공공기관의 정보공개에 관한 법률」 제11조제3항에 따라 청구사실이 제3자에게 통지됩니다.
2. 정보 공개를 청구한 날로부터 20일이 경과하도록 정보공개 결정이 없는 경우에는 「공공기관의 정보공개에 관한 법률」 제18조부터 제20조까지의 규정에 따라 해당 공공기관에 이의신청을 하거나, 행정심판(서면 또는 온라인 : www.simpan.go.kr) 또는 행정소송을 제기할 수 있습니다.

210㎜×297㎜[백상지 80g/㎡(재활용품)]

놓쳐 산재 불승인 처분을 받는 일을 막기 위해 변호사나 노무사를 선임해 정보공개 청구를 진행하는 것도 좋다. 경찰 조서가 산업재해를 증빙할 자료가 될지는 추후 판단의 대상이지만, 산업재해 입증의 특성상 가능한 자료를 모두 받아 두는 편이 유리하다.

3 ‖ 사망신고와 재산 조회

유가족은 고인의 죽음을 인정하고 싶지 않거나 안타까운 마음이 커 사망신고를 미루기도 한다. 하지만 사망신고를 해야 비로소 산업재해 신청 등 행정 절차를 개시할 수 있다. 사망신고는 사망한 사실을 안 날로부터 1개월 안에 이뤄져야 하는데 온라인으로는 신청할 수 없고 주민센터에 방문해 접수해야 한다. 제 기간에 신고하지 않은 경우 5만 원 이하의 과태료가 발생한다. 필요한 서류는 신고자의 주민등록증, 사망신고서 1부, 사체검안서 또는 사망진단서, 가족관계증명서 등이다.

만일 장례를 치르지 않고 지속해서 회사와의 합의를 끌어내기로 했다면 영안실 비용 문제, 사망신고 연기 과태료 등

사 망 신 고 서 (년 월 일)			※ 신고서 작성 시 뒷면의 작성 방법을 참고하고, 선택항 목에는 '영표(○)'로 표시하기 바랍니다.				
① 사 망 자	성명	•한글	성 별		•주민등록 번 호		－
		한자	①남 ②여				
	등록기준지						
	•주소				세대주·관계		의
	•사망일시	년 월 일 시 분(사망지 시각: 24시각제로 기재)					
	•사망장소	장소					
		구분	① 주택 ② 의료기관 ③ 사회복지시설(양로원, 고아원 등) ④ 공공시설(학교, 운동장 등) ⑤ 도로 ⑥ 상업·서비스시설(상점, 호텔 등) ⑦ 산업장 ⑧ 농장(논밭, 축사, 양식장 등) ⑨ 병원 이송 중 사망 ⑩기타( )				
②기타사항							
③ 신 고 인	•성명		㊞ 또는 서명	주민등록번호		－	
	•자격	①동거친족 ②비동거친족 ③동거자		•관계			
		④기타(보호시설장/사망장소관리자 등)					
	주소			•전화		이메일	
④제출인	성 명			주민등록번호		－	

을 종합적으로 고려해야 한다.

　다음은 사망자의 재산 조회 방법이다. 고인이 쓰던 신용카드, 체크카드, 통장 등과 상속 처리해야 할 재산을 다 알지 못하는 경우 구청이나 주민센터에서 사망신고 처리 완료 후 안심상속 원스톱서비스를 받을 수 있다. 안심상속 원스톱서비스는 상속 권한이 있는 사람이 사망자 재산을 통합 조회할 수 있게 하므로 편리하다. 사망일이 속한 달의 말일부터 6개월 이내에 신청 가능하며 방문 제출 또는 온라인 신청도 가능하다. 다만 온라인 신청의 경우 사망신고 처리가 완료된 후에만 가능하다.

　안심상속 원스톱서비스를 신청하면 고인의 재산 조회 결과를 문자메시지, 우편 등으로 받을 수 있다. 통합 처리 대상은 지방세 정보(체납액, 고지세액, 환급액), 자동차 정보(소유 내역), 토지 정보(소유 내역), 국세 정보(체납액, 고지세액, 환급액), 금융거래 정보(은행, 보험 등), 국민연금 정보(가입 및 대여금 채무 유무), 공무원연금 정보(가입 및 대여금 채무 유무), 사학연금 정보(가입 및 대여금 채무 유무), 군인연금 정보(가입 유무), 건설근로자 퇴직공제금 정보(가입 유무), 건축물 정보(소유 내역)의 총 11종이다. 개별 기관에 일

일이 방문하지 않아도 된다.

신청 자격은 방문 신청의 경우 1순위 상속인인 배우자, 직계비속이며 1순위 상속인이 없을 때는 2순위 상속인인 직계존속, 2순위 상속인도 없는 경우엔 3순위 상속인인 고인의 형제자매다. 온라인 신청은 1순위 상속인이 가능하며 1순위 상속인이 없다면 2순위 상속인인 직계존속이 가능하다. 다만 1순위 상속인의 상속 포기로 인한 2순위 상속인은 제외된다. 주민센터에 방문해 사망신고와 동시에 신청하려면 안심상속 원스톱서비스 신청서 1부와 상속인 본인의 신분증을 반드시 지참해야 하며, 대리 신청의 경우 대리인의 신분증, 상속인의 위임장, 상속인 본인 서명 사실확인서 또는 인감증명서가 있어야 한다. 온라인 신청은 안심상속 원스톱서비스 신청서 1부, 상속인의 공동인증서, 정부24(www.gov.kr)를 통한 통합신청서 및 가족관계증명서를 제출해야 한다.

4 ‖ 연금

고인의 과로죽음 이후 가장 먼저 받을 수 있는 것은 국민연

[자료3] 사망자 재산조회 통합처리 신청서(안심상속 원스톱서비스 신청서)

■ 사망자 재산조회 통합처리에 관한 기준 [별지 제1호 서식] 〈제정 2015. . . 〉

사망자 재산조회 통합처리 신청서

사망자 재산조회 통합처리를 위해서 신청인과 사망자의 주민등록번호를 포함한 개인(금융) 정보의 수집·이용 제공에 동의해야 하며 이를 원하지 않을 경우 사망자 재산조회 통합처리 서비스 제공이 불가능합니다. 또한 신청의 취소·변경은 신청 다음날(토·일요일, 공휴일 제외) 접수처의 업무종료 시까지만 가능합니다.

접수번호			접수일				처리기간	7일~20일
신청인 (상속인)	성 명				주민등록번호			
	사망자와의 관계	사망자의 ( )			• 접수처 확인란	가족관계증명서(또는 기본증명서) 확 인 자: 인	기본증명서 (서명 또는
	연락처	전화번호		휴대전화			전자우편	
	도로명 주소							

※ 신청인은 제1순위 상속인(사망자의 직계비속·배우자)과 1순위가 없을 경우 제2순위 상속인(사망자의 직계존속, 배우자(직계비속이 없는 경우))에 한함

사 망 자	성 명				주민등록번호	-		
	사 망 일	년	월	일	자동차 번호 •이름만 제외			
대리인 (대리인 신청시에만 작성)	성 명				주민등록번호			
	상속인과의 관계	□법정대리인 □임의대리인			• 접수처 확인란	확 인 자: 인		(서명 또는
	연락처	전화번호		휴대전화			전자우편	
	도로명 주소							

사망신고 후속조치 조회 내용		
구분	조회 선택(조회를 원하는 항목 [ ]에 ∨ 표시)	조회결과 확인 방법
금융거래	[ ] 금융기관 전체 *본 항목 "∨" 시에는 아래 항목 "∨" 하지 않음 [ ] 예금보험공사 [ ] 은행 [ ] 우체국 [ ] 생명보험 [ ] 손해보험 [ ] 금융투자회사 [ ] 여신전문금융회사 [ ] 저축은행 [ ] 새마을금고 [ ] 산림조합 [ ] 신용협동조합 [ ] 한국예탁결제원 [ ] 종합금융회사 [ ] 대부업 CB에 가입한 대부업체 협회 • 전국은행연합회, 신보 기신보, 한국주택금융공사, 한국장학재단, 미소금융중앙재단, NICE평가정보, KCB, KED, 한국자산관리공사 포함	휴대폰으로 발송된 문자를 확인한 후, 금융감독원 홈페이지 또는 개별금융협회, 국세청(홈택스), 국민연금공단 홈페이지'에서 신청인이 각각 조회 결과 확인
국세	[ ] 국세 체납액 및 납부기한이 남아 있는 미납 세금	• 국민연금의 경우, 상속
국민연금	[ ] 국민연금 가입여부	인에게만 제공
토지	[ ] 개인별 토지 소유 현황	[ ] 지적부서 방문수령 [ ] 우편 [ ] 문자(SMS)
지방세	[ ] 지방세 체납내역 및 납부기한이 남아 있는 미납 세금 지방세	[ ] 세무부서 방문수령 [ ] 우편 [ ] 문자(SMS)
자동차	[ ] 자동차 소유내역	[ ] 자동차부서 방문수령 [ ] 우편 [ ] 문자(SMS)

『사망자 재산조회 통합처리에 관한 기준』에 따라 사망자의 재산 등 관련 자료 제공을 신청합니다.

일   년   월

신청인(대리인)   (서명 또는 인)

시장·구청장, 읍·면·동장 귀하

210mm×297mm [백상지 80g/㎡]

금의 유족연금이다. 유족연금은 가입자였던 연금 수급자가 사망했을 때 그에 의해 생계를 유지하던 유족(배우자, 자녀, 부모, 손자녀, 조부모 중 최우선 순위자)이 받을 수 있다. 국민연금과 산업재해보상보험이 중복될 경우 보상 금액이 삭감되기 때문에 국민연금관리공단에 유족연금을 신청할 때 산업재해 신청 여부를 알려야 한다. 이를 알리지 않더라도 사망한 장소가 사업장 등이라면 산업재해일 가능성이 높다고 보아 5년 동안 반액만 지급된다. 이후 고인의 죽음이 산업재해로 승인되면 계속 50%를 지급하고 불승인 처리되면 5년 간 미지급된 나머지 50%를 일시금으로 지급한다. 이를 위해 불승인 통지서를 받아 국민연금관리공단에 변경 신고를 해야 한다.

유족연금의 소멸 시효가 5년이므로 수급권이 발생하면 5년 안에 반드시 청구해야 한다. 구비서류는 유족연금지급청구서, 사망경위신고서, 신분증, 사망자의 폐쇄등록부에 관한 가족증명서, 사망진단서 또는 사체검안서, 수급권자 예금통장 사본 등이다.

고인의 국민연금 가입 기간에 따라 유족연금 액수가 다르며 국민연금법 제74조에 따른 유족연금액 계산법은 [표4]와 같다. 정확한 금액은 국민연금관리공단을 통해 확인할 수 있다.

[표4] 유족연금 계산 방법

가입기간	유족연금액	비고
10년 미만	기본연금액의 40% + 부양가족연금액	사망한 자가 지급받던 노령연금액을 초과할 수 없다.
10년 이상 20년 미만	기본연금액의 50% + 부양가족연금액	
20년 이상	기본연금액의 60% + 부양가족연금액	

5 ‖ 보험

많은 유가족이 간과하는 부분이 개인 보험이다. 고인이 가입해둔 보험 여부를 꼼꼼하게 따져 처리해야 한다. 이는 사망한 날로부터 3년 안에 신청하면 된다. 개인 보험은 늦게 해지하더라도 고인의 사망 이후 납부한 보험료를 나중에 환급받을 수 있으니 다급하게 청구할 필요는 없다. 회사에서 단체 상해보험에 가입했을 수도 있으니 이 부분도 확인해봐야 한다.

보험금 지급 청구를 한다고 해서 모두 받을 수 있는 것은 아니다. 보험사에서 고지의무(보험 계약 전 건강 상태 등을 알릴 의무) 위반 등을 내세워 보험금을 지급하지 않거나 소송에 휘말릴 수도 있다. 이때 금융감독원에 분쟁 조정을 신청하게 될 수도 있으니 초기부터 변호사나 손해사정사를 선임해 보험 청구와 분쟁 해결까지 포괄적으로 진행하면 도움이 된다.

6 ‖ 상속

상속세 납세 의무가 있는 상속인 또는 수유자(유언에 따라 유증받는 사람)는 상속개시일(사망일)이 속하는 달의 말일부터 6개월(외국에 주소를 둔 경우 9개월) 이내에 상속세를 신고해야 한다. 고인(피상속인)의 사망 전 공인된 유언으로 상속이 진행되면 수월하지만, 이런 경우가 드물기 때문에 법으로 지정된 상속인은 피상속인의 재산을 정리하고 상속 신고 및 협의 분할, 상속세 신고를 해야 한다. 피상속인의 금융재산 및 부동산, 보험금, 퇴직금 등이 모두 상속재산이므로 이를 모두 파악해야 하고 재산 상태에 따라 상속의 종류도 결정해야 한다. 또한, 상속인과 피상속인과의 관계에 따라 상속 공제가 달라질 수 있고, 이에 따른 협의와 피상속인의 이전 거래 상황에 따라서도 신고 내용이 달라질 수 있어 많은 어려움이 따른다. 재산의 종류와 현황이 복잡하거나 상속인 협의에 어려움을 느낀다면 변호사나 세무대리인을 통해 상속 분할 협의와 신고, 납부를 진행할 수 있다.

7 ‖ 긴급복지제도

가장의 과로죽음은 특히 남은 가족들의 생계에 영향을 미친다. 고인의 과로죽음 이후 경제적 어려움에 처했다면 사회복지제도를 적극적으로 활용해야 한다. 보건복지부에서는 주 소득자의 사망 등으로 생계 곤란의 위기 상황에 처한 사람을 신속하게 지원하기 위해 '긴급복지 생계지원' 제도를 운영하고 있다. 지원을 받으려면 기준 중위소득 75% 이하, 재산 기준은 대도시 1억8,800만 원, 중소도시 1억1,800만 원, 농어촌 1억100만 원 이하이고, 금융 재산은 500만 원 이하여야 한다. 상담 전화는 129번이고 보건복지상담센터(www.129.go.kr)를 참고하면 된다.

제3장

세상으로부터 인정받기

1.
죽음의 이유 말하기

1‖ 살인적인 노동강도

유가족 서주연:
인터넷 강의업체에서 웹디자이너로 일하던 여동생(30대 중반)이 불규칙한 장시간 노동 및 과로, 직장 내 괴롭힘으로 우울증이 악화해 과로자살.

악명 높았던 회사

동생은 유명 인터넷 강의업체에서 웹디자이너로 일했다. 2015년 5월 18일, 첫 출근한 동생에게 회사는 어떠냐고 물으니 앞으로 힘들 것 같다고 했다. 야근이 일상화된 IT 업계에서조차 이 회사의 야근은 악명이 높았다. 동생은 입사 4일째부터 새벽 4시에 퇴근하기 시작했다. 심지어 회사에서 밤을

새우는 날도 종종 있었다. 부모님과 나는 동생에게 회사를 그만두라고 출근을 수없이 말렸다. 그때마다 동생은 기왕 입사했으니 1년만 참아보겠다고, 1년 뒤에는 팀장으로 승진한 다음 이직하겠다고 퇴사를 미뤘다. 당시 동생은 팀장 대행이었다.

그러는 와중에 동생의 건강은 점점 나빠졌고 돌이킬 수 없는 지경에 이르렀다. 우울증을 앓던 동생은 입사 즈음 완치에 가깝게 호전되었다는 담당 전문의의 진단을 받았었다. 그러나 입사 후 계속되는 야근과 과중한 업무 스트레스로 우울증이 심해지고 공황장애까지 나타나 건강이 나빠졌다. 2017년 6월 휴직 신청을 했으나 두 차례의 반려 끝에 9월에야 겨우 쉴 수 있었다. 하지만 한 달 후 복귀한 동생을 기다리고 있는 것은 또다시 살인적인 업무량과 야근이었다.

동생을 괴롭힌 것은 야근뿐만이 아니었다. 직장 상사들은 동생만 남겨두고 외출하거나 컨펌을 대기시키고 퇴근해버리기도 했다. 대표의 말 한마디에 모든 작업을 뒤엎어 처음부터 다시 해야 했고, 정확한 업무 지시와 가이드 없이 '컨펌 까기'(결재 반려)가 반복됐다. 이뿐만이 아니다. 평일 야근으로도 모자라 주말에는 이른 아침 시험장에 나가 응시생들을 대상으로 홍보물을 배포해야 했다. 별도 수당은 전혀 없었다. 회사는 자발적인 참여라고 했지만, 인사고과에 반영되기 때문에 사실상 강제적인 참여였다. 상사는 업무일지에 자아비판, 반성문 형태의 내용을 작성하도록 종용했고, 채식주의자인 동생에게 고기를 먹으라고 강요했으며, 야근이 한창인 와중에 주말 동안 책을 읽어오도록 지시하는 등 비인간적인 근무환경 속 괴롭힘이 있었다.

동생은 부모님과 내가 걱정할까 봐 좀처럼 힘든 내색을 하지 않았다. 2017년 12월 2일 처음으로 동생이 내 앞에서 대성통곡했다. 동생이 과중한 업무와 상사의 문제를 토로했을 때, 나는 너무 화가 나서 곧바로 관할 노동지청에 동생의 회사를 신고했다. 일주일 후 노동지청의 답변이 왔다. 올해 근로감독 일정이 이미 끝났으니 다음 해 2월에 다른 신고업체와 함께 근로감독을 실시하겠다는 무책임한 대답이었다. 마음이 다급해졌다. 가만히 손 놓고 있을 수만은 없었다.

그때 몇 달 전 받아 두었던 시민단체의 유인물이 떠올랐다. IT 회사들의 장시간 노동 관행을 고발하고 직장 문화를 바꿔야 한다는 캠페인을 하는 곳이었다. 그곳에 도움을 청하기 위해 유인물에 적힌 번호로 연락했다. 단체 상담자의 조언을 받아 동생과 나는 회사의 불법 야근을 고발할 자료를 수집하기 시작했다. 동생의 회사는 스타트업 기업으로, 출퇴근 시간이 자유롭다는 이유로 공식적인 출퇴근 시간 기록을 하지 않아 근무시간 자료도 없었다. 시민단체 상담자가 대중교통 이용 기록으로 근무시간을 추정할 수 있다고 조언해주었고, 동생은 출퇴근에 사용한 교통카드 기록을 조회해 내게 전달했다. 2018년 1월 2일, 그것이 동생의 마지막 이메일이었다.

다음 사람은 이렇게 일하지 않았으면

동생이 갑작스럽게 죽자 시민단체를 중심으로 대책위원회가 꾸려졌고 나 역시 당사자로서 참여했다. 동생이 왜 죽었는지, 뭐가 문제인지 꼭 알아야 했다. 동생의 빈소에서 시민단체 활동가, 직업환경 전문의, 변호사, 노무사와 처음으로 대면했다. 일주일 뒤 대책위의 첫 번째 회의에 노조 활동가까지 포함해 더 많은 사람이 모였다. 대책위에 참여한 각 분야의 전문가들로부터 빠르게 도움을 구하며 회사에 조직적으로 대응할 수 있었다. 언론 제보, 회사를 고발하는 국회 기자회견을 시작으로 회사 앞에서 릴레이 1인 시위를 했고, 회사의 불법행위를 폭로하는 유인물을 배포했으며, 동생의 입사 3주기에 회사의 공식 사과를 촉구하는 퍼포먼스도 진행했다. 동생의 회사 동료들을 인터뷰하고 대책위에서 수집한 자료를 분석해 진상조사 결과도 발표했다. 결국, 우리는 동생의 고통이 개인의 문제가 아닌 모든 직원이 겪고 있는 문제라는 사실을 자료를 통해 밝혀냈다. 회사는 근로기준법을 무시한 채 연장근로 월 69시간, 야간근로 29시간을 전제로 포괄임금계약을 맺고, 별도 수당 없이 걸핏하면 하루 12시간이 넘는 장시간 노동을 강요했다. 과도한 업무로 밤낮없이 계속되는 야근은 스타트업 정신과 열정으로 그럴듯하게 포장했고, 출퇴근 시간이 자유롭다며 기본적인 노무관리조차 하지 않았다. 대표부터 사원까지 모두 '님'으로 호칭하는 평등문화를 강조하면서도 상사의 일방적인 지시를 따라야 했고 책임은 오롯이 실무자가 졌다. 성과 지상주의와 실적 압박은 과열 경쟁을 부추기고 직장 내 괴롭힘 문제를 만들었다. 회사는 창립 6년 만에 매출 4000억 원 돌파라는 빠른 성장을 이뤘지만, 가혹한 근무환경에서 직원들이 감내한 고통은 30%가 넘는 퇴사율과 재직자 정신질환 유병률 증가라는 객관적 데이터로 확인됐다.

동생은 죽기 전 회사를 고발할 자료를 모으면서 "후배들이 이런 조건에서 일하지 않았으면 좋겠다"라고 말했었다. 동생의 죽음을 산재로 인정받는 것뿐 아니라 회사의 잘못된 관행을 꼭 고치고 싶었다. 그래서 대책위를 통해 자료를 모으고, 회사에 항의하고, 결국 회사의 사과를 받아낸 이후에 산재 신청을 했다.

자료를 모을 때 내가 가장 큰 노력을 기울였던 건 동생과 함께 근무했던 회사 동료의 증언을 모으는 일이었다. 동생의 휴대폰 기록이나 장례식장에서 회사 동료를 찾아볼 수 있었다. 나는 동생의 빈소에 온 동료들에게 일일이 연락처를 받아 두었다. 동생의 동료에게 연락하기가 조심스럽고 부담되는 건 사실이었다. 유가족 입장에서는 회사생활에서 어떤 문제가 있었는지 묻지 않을 수 없지만, 재직 중인 이는 회사의 눈치를 보게 된다. 그래도 가급적 이른 시일 안에 동료를 만나 자초지종을 묻는 편이 좋다. 시간이 지나면 지날수록 기억이 점점 잊히기도 하고, 감정적 동요가 남아있을 때 유가족의 인터뷰 요청에 응할 가능성이 좀 더 크기 때문이다. 가족이 아닌 이상 주변 사람들은 점차 떠난 사람을 잊기 마련이라 오랜 시간이 지난 뒤 갑작스러운 유가족의 연락은 부담스럽게 느낄 수 있다.

다만, 만남이나 인터뷰를 요청했을 때 상대가 거절해도 너무 큰 상처를 받지 않아야 한다. 친분을 부정하며 부탁을 외면하거나 회사 편에 서서 유가족을 비난하는 사람도 있을 수 있다. 모두 유가족에게 큰 상처로 남는 일이지만, 포기하지 않고 계속 시도해야 하는 이유는 생각지 못했던 의외의 사람이 중요한 증언을 해주는 일도 있기 때문이다.

2‖ 상사가 두렵다

유가족 김지현:
대기업 연구원으로 근무하던 남편(30대 후반)이 희망퇴직 압박과 직장 내 괴롭힘으로 과로자살.

언론의 자체 검열

남편은 대기업에 다니고 있었다. 그가 남긴 휴대폰에 "이제 더 이상 일을 할 수 없을 것 같다… 회사에 가고 싶지 않다. 상사가 두렵다…"라는 메모가 있었기 때문에 나는 그의 죽음이 일과 직장 때문이라고 확신했다.

남편이 죽은 다음 날부터 산재 준비를 위해 백방으로 알아보았지만, 상대인 대기업은 남편이 회사에서 쓰던 이메일이나 컴퓨터의 확인을 거부했다. 결정적인 자료가 될 동료의 증언도 얻지 못해 애태우던 중이었다. 남편의 죽음 3일 후, 휴대폰으로 문자메시지 한 통이 도착했다. 그가 개인적인 문제가 아닌 직장 내 스트레스 때문에 극단적 선택을 할 수밖에 없었다는 내용이었다. 실낱같은 희망이 생겼다.

남편의 죽음을 알리는 글을 써서 언론사에 메일을 보냈다. 이를 보고 연락해온 언론사 기자는 결정적인 자료를 원했다. 남편의 면담 기록지와 증인의 문자메시지를 보내고 인터뷰도 했다. 이제 사건이 제대로 보도될 거라는 기대는 내 착각이었다. 시간이 지나도 소식이 없어 기자에게 연락하니 윗선에서 편집을 요구한다고 했다. 상대가 언론사에 광고를 가장 많이 내는 대기업이라 자체 검열할 수밖에 없다며 이해해 달라고 했다. 이해가 안 됐다. 하고 싶지도 않았다. 다른 언론사를 찾아 스무 곳 넘게 글을 보냈다. 8~9명의 기자가 취재해갔지만, 보도해준 곳은 적었다. 시간이 지날수록 내가 원하는 사실 보도가 나오기 어렵다는 걸 깨달았다. 언론에 대한 불신만 커졌다.

어느 날 방송국 탐사보도 프로그램에서 과로자살 자료를

수집하고 있다며 취재에 응할 생각이 있는지 물어왔다. 당연히 한다고 했다. 방송국에서 찾아가면 회사도 출퇴근 기록지나 업무 환경에 관한 자료를 공개할 수밖에 없을 것 같았다. 이제 남편이 죽은 이유를 밝힐 수 있겠다고 생각했다. PD와 함께 남편의 흔적을 찾아 회사 근처 이곳저곳을 다녔다. 회사 안으로 들어갈 수도 없었고 당연히 촬영도 못했는데 경비업체는 카메라를 빼앗으려 했다. 여기서 일하던 내 남편이 죽었는데, 회사는 뭐가 무서워서 피하려고만 할까. 울분에 찼다.

일주일의 취재 후 방영일을 기다리는데 PD가 동료의 문자메시지를 방송에서 읽고 싶다고 했다. 이름을 숨기면 괜찮을 거로 생각했다. 하지만 프로그램 방영 후 문자메시지를 보낸 사람이 누군지, 문자메시지에 등장하는 상사가 누군지 다들 알게 됐다. 상사 두 사람이 문자메시지 발신인을 명예훼손으로 고소했다. 나는 심리적 압박을 받기 시작했다. 증인을 위해 검찰에 편지도 쓰고 자료도 보냈지만, 사건 결과가 빨리 나오지 않아 초조하기만 했다. 노무사는 회사가 유가족을 압박하려는 행동이니 너무 신경 쓰지 말라고 했지만, 문자메시지가 유포된 일로 한 사람이 고통받는 것에 불안하고 죄책감이 들었다.

전문가에게 매달리다

정신 상태는 계속 불안과 초조, 우울감을 반복했다. 생후 100일도 안 된 아기를 돌보는 것도 힘에 부쳤다. 방송국 탐사보도 프로그램이 방영된 후 남은 것이라고는 이제 인터뷰나 확인서 작성을 해주지 못하겠다는 증인의 말과 회사 측의 증인 고소였다. 과로자살에 대한 사회적 관심이 높아지고 방송국에서 취재에 나선 것은 다행이었지만, 흥미를 유발하고 일시적 현상에 그치길 바란 것은 아니었다. 나는 내 남편이 죽은 이유를 밝혀야 한다는 생각만 가득했다.

한편으로는 내가 법률 전문가와 상의를 거치지 않고 자료도 충분하지 않은 상태에서 너무 성급히 언론 취재에 응한 것은 아닌지 후회만 늘었다. 누군가 나와 비슷한 상황에 부닥친다면 우선 자료를 충분히 모으고 법률 전문가와 상의한 뒤 언론에 대응하라고 말하고 싶다. 언론은 내 편이 아니라 이용해야 할 대상이고 너무 의존하는 것은 좋지 않다. 그래야 덜 상처받을 것이다.

노무사를 선임하는 과정도 쉽지 않았다. 남편의 죽음에 회사의 잘못이 있음을 밝히고 싶어 인터넷 검색창에 '일하다 죽음', '근무 죽음', '직장 죽음' 등을 막무가내로 검색했다. 그러다 산업재해를 알게 됐다. 그전까지는 산업재해라는 단어가 있는지조차 모르고 살아왔다. 내가 유일하고도 분명하게 아는 것은 내 남편이 회사 일 때문에 그렇게 되었다는 것뿐이었다. 검색해서 알아낸 산업재해라는 키워드로 나는 밤낮을 가리지 않고 인터넷에서 정보 찾기에 몰두했다. 노무사라는 직업도 이때 처음 알았다. 가족들과 함께 집 근처 변호사 사무실에 무작정 찾아간 적이 있는데, 이때부터는 검색 결과에 있는 노무사들도 찾아가 상담했다.

변호사와 노무사를 10명이나 만났다. 불안해서였다. 아는 게 하나도 없었으니 상담료를 지불해서라도 그들의 바짓가랑이를 잡는 심정이었다. 남편의 죽음을 어떻게 대처하면 좋을지 빨리 정답을 얻고 싶었다. 남편 회사로부터 느낀 배신감 때문인지 쉽게 믿었다가 당하면 안 된다는 마음에 계속 또 다른 변호사, 노무사를 만나고 다녔다. 그런데 이런 행동 역시 내가 산업재해와 관련된 정보를 전혀 몰랐기 때문이었다. 산업재해나 과로죽음에 관한 지식이 어느 정도 있었다면 이런 시간 낭비를 하지 않고 전문가와 효율적으로 상담할 수 있었을 거다. 한편으로는 굉장히 좌절했다. 대다수의 노무사와 변호사들이 "과로죽음은 산재로 인정받기 어려워요"라는 말로 운을 뗐다. 어려운 사건이라 못하겠다는 사람도 있었다. 용기가 사라졌다. 전문가들도 어렵다는 걸 내가 할 수 있을지 맥이 빠지며 내적 갈등이 극심해졌다. 그동안 이런 것들에 무지했던 내가 한심했다. 그리고 이렇게 어려운 일을 나 혼자 어떻게 하라고 그렇게 죽었는지, 남편에 대한 원망도 싹텄다.

그런데도 내가 노무사와 변호사를 찾아가 사건을 의뢰한 이유는 산업재해 승인이라는 결과 하나만을 바랐기 때문은 아니다. 산업재해 신청 자체가 마음속 응어리를 덜어내는 것이었다. 회사 측에서 먼저 손을 쓸 것이라는 조바심에 남편의 죽음을 채 정리하지도 못한 상태에서 좌충우돌했지만, 법률 전문가들과 상호작용하며 사망신고 이후의 시간을 버려냈다. 남편의 죽음을 둘러싼 상황을 허심탄회하게 이야기하고 상실감을 조금이나마 덜기도 했다.

3 ‖ 과로죽음 인정의 사회적 의미

가족이나 친구의 죽음을 과로사 혹은 과로자살로 받아들이는 과정을 거치고 나면, 이 죽음이 과로사 혹은 과로자살이라는 점을 사회적으로도 인정받아야 한다는 과제가 주어진다. '과로'로 인한 죽음, '과로' 자체가 사회적으로 결정되는 것이기에 과로죽음의 인정은 필연적으로 사회적인 의미를 가진다.

가장 대표적인 것이 산업재해보상보험에 따라 그의 죽음이 업무상 재해, 즉 과로로 인한 것이라는 점을 인정받고 보상받는 것이다. (직종에 따라 공무원연금이나 사학연금의 공무상재해 보상이 될 수도 있다.) 그리고 산재보험의 보상은 당연히 경제적으로도 의미가 크다. 일하던 가족의 갑작스러운 죽음은 크든 작든 가족들에게 경제적 부담이 된다. 산재보상 외에는 공적인 보상 체계가 거의 없는 한국에서 산재보상 승인 여부는 가족들의 경제 상황에 큰 영향을 미친다.

사회적 인정의 방식이 꼭 산재 보상만 있는 것은 아니다. 고인이 다녔던 회사나 고인의 직장 동료들로부터, 여론으로부터, 주변의 기억 속에서 그의 죽음을 사회적 죽음, 과로로 인한 죽음으로 인정받는 것이 큰 위로가 되기도 한다. 고인의 죽음이 단순한 개인의 문제가 아님을 보여주고 의미를 부여하는 것이기에 더욱 그렇다. 그래서 유가족에게 이런 인정 투쟁의 과정은 매우 절실하다. 우리 모임에 함께하고 있는 많은 유가족은 산재 신청을 할 수 있었던 가장 중요한 동력이 고인과 가족들의 '명예 회복'이었다고 말한다. 건강 관리를 못해서, 가족이 그 사람을 잘 챙겨주지 않아서, 운동을 안 하고 술을 많이 마셔서가 아니라 과로와 업무 스트레스라는 외부 요인 때문에 죽음이 촉발되었다는 것을 사회가 인정함으로써 고인과 가족들의 명예가 회복된다는 것이다. 이는 특히 과로자살 유가족에게 의미가 더 크다. 여전히 많은 사람이 자살을 나약한 개인의 잘못된 선택으로 여기는 사회에서 과로자살을 인정받는 것은 그의 죽음이 '유리멘탈 때문이 아니라 일 때문'이었음을 밝히는 것이기 때문이다.

한 사람의 죽음을 과로죽음으로 인정받는 것은 남은 동료들에게도, 사회적으로도 의미가 있다. 과로죽음이 인정된다는 것은 그가 일했던 일터가 한 사람의 인생을 파괴할 정도의 문제를 가지고 있었다는 점을 인정한다는 말과 같다. 이를 인정하면서 아무 변화 없이, 아무 일도 없었던 것처럼 일할 수는 없다. 과로죽음의 인정은 필연적으로 그 일터의 변화를 요구하게 된다. 이는 사회적으로도 마찬가지다. 한 사회에서 일 년에 수백 명이 업무상 스트레스로 정신질환을 앓고, 나아가 사망하고 있다는 점을 우리가 제대로 인식한다면, 필연적으로 과로를 방지하는 제도와 대책 마련을 요구하게 될 것이다. 그래서 유가족 등 남겨진 사람들은 산재보상 신청과 승인 외에도 과로죽음을 언론과 회사 동료들에게 알리고 사회적 반향을 일으키기 위해 노력한다.

물론, 지금 한국사회가 직면한 것처럼 많은 죽음이 알려져도 곧바로 제도 개선이나 일터의 변화로 이어지지는 않는다. 하지만 여러 죽음의 소식들과 이를 인정받기 위한 유가족들의 노력이 모여 장시간 노동에 대해, 일터 괴롭힘에 대해, 지나친 성과 압박과 높은 노동강도에 대해 사회적인 경각심을 높이고 있는 것도 분명한 사실이다.

문제는 현재의 시스템 안에서 이 과제가 온전히 유가족들의 몫이라는 점이다. 고인의 죽음이 업무상 재해로서 과로죽음임을 입증해야 할 책임이 온전히 유가족에게 있기 때문이다. 가까운 사람의 죽음으로 인한 충격 속에서 온전한 애도의 시간을 갖기도 전에 많은 유가족이 죽음의 원인을 찾아내고 설명하며 이해를 구하는 일을 해내라는 내외부의 압력을 받게 된다. 이 과정에서 많은 이해관계자와 갈등을 겪기도 한다. 유가족의 부담을 덜고 사회적 책임을 높이는 방향으로의 제도적 변화가 절실하다는 것을 알리기 위해, 유가족들이 과로죽음을 사회적으로 인정받기 위해 고군분투했던 경험을 나누고자 한다.

2.
과로죽음을 둘러싼 이해관계자들

과로죽음을 사회적으로 인정받기 위한 과정에서 우리의 편이든, 상대편이든 다양한 이해관계자를 맞닥뜨리게 된다. 이미 매우 힘든 상황이고 민감할 수밖에 없는 유가족들은 분노, 당황스러움, 서운함 등 수많은 감정을 소모하고, 작은 실수 때문에 큰 죄책감에 빠지기도 한다. 고인의 과로죽음 문제에 효과적으로 대응하기 위해 다양한 대상과 경험을 정리해 소개한다.

1 ∥ 회사에 대응하기

많은 유가족이 과로사 · 과로자살을 인정받는 싸움 과정에서 회사에 큰 배신감을 느낀다. 회사를 위해 일하다 죽은 것인데 회사에서 이를 전혀 인정하지 않으려고 할 때 유가족은 당황하고 분노한다. 회사에 누를 끼칠까, 열심히 일했던 고인을 욕보이는 것일까 걱정하면서 겨우 산재 신청했는데, 회사나 직장 동료들이 왜 산재 신청하는지 모르겠다, 이 죽음은 회사와 관련 없는 죽음이다, 개인적인 문제(질병이나 스트레스 등) 때문인데 왜 회사 탓을 하느냐고 반응할 때도 분노와 섭섭한 마음이 뒤엉켜 괴롭다. 가족 모임에 함께하는 유가족 가운데 회사가 과로사·과로자살을 먼저 인정하거나, 유가족에게 사과하거나, 산재 신청과 승인을 도와준 경우는 단 한 건도 없었다. 대한민국의 거의 모든 회사는 과로사·과로자살이 발생하면 책임지지 않고 발뺌하기 바쁘다. 과로자살에서 이런 경향은 더 심하다.

과로사·과로자살을 사회적으로 인정받기 위한 과정에서 첫 번째 싸움 대상이 바로 회사다. 산업재해가 승인되면 노동부 등 행정기관으로부터 감독과 지도의 대상이 되니 회사 입장에서 달가울 리 없다. 과로사나 과로자살을 주제로 회사가 언론에 오르내리는 것도 부담이 된다. 현재 회사의 문화나 업무량이 과로사나 과로자살을 낳을 정도임을 인정하면 업무량과 노동시간을 줄이고 회사 문화를 혁신해야 하는데 이는 가장 피하고 싶은 상황일 것이다. 그래서 회사는 일단 고인 개인의 책임, 개인의 문제로 몰아간다. 고인의 동료와 유가족이 만나는 것을 방해하거나, 남은 직원들 사이에서 고인에 관한 나쁜 소문을 퍼뜨리기도 하고, 꼭 필요한 정보는 내놓지 않는다. 유가족을 괄시하거나 무례하게 구는 등 회사의 방해는 다양하다.

회사가 이렇게 단호하게 나오면 처음엔 유가족에게 우호적이던 직장 동료나 친구들도 눈치를 보며 입장을 바꾸거나 유가족과의 만남을 꺼리는 경우도 생긴다. 이럴 때 회사가 협조하지 않는 것과는 다른 종류의 배신감에 휩싸일 수밖에 없다. 가족끼리 주말에 모여 식사도 하고 함께 놀러 다니던 직장 동료가 회사 입장만 얘기하거나 산재 신청을 말리기라도 하면 세상에 대한 신뢰가 흔들린다. 그러니 회사가 비협조적일 가능성, 직장 동료들의 마음이 달라질 가능성을 처음부터 염두에 두고 분쟁을 시작해야 상처가 적다.

무엇보다 가능하다면 너무 늦지 않은 시기에, 힘들더라도 유가족이 동료들을 직접 만나 협조를 얻어내려는 노력이 필요하다. 회사 측에서 꼭 필요한 정보를 내놓지 않는 것은 증거보전 신청 등으로 대응할 수 있다. 법원에 회사를 상대로 취업규칙, 출퇴근 기록, 업무일지, 야근 식대 및 교통비 청구기록, 인사평가 기록, 면담 기록지 등의 증거를 요청하는 것이다. 물론 회사는 이 신청에 대해서도 증거 요청 자체가 불필요하다거나 자료가 없다는 등의 입장을 낼 수 있다. 양쪽 의견을 듣고 판사가 결정하겠지만, 증거보전 신청 재판에서 판사의 판결은 법적 강제력이 없기 때문에 이겨도 회사 측에서 주지 않거나 엉터리 자료를 줄 수도 있다. 따라서 증거보전 신청을 하려면 변호사 선임 비용과 행정 비용, 얻을 수 있는 자료의 질, 회사와의 협상 및 소송 관계 등을 종합적으로 고려해 판단해야 한다. 우리 모임의 한 유가족은 회사에서 자료를 주지 않거나 불성실하게 제출하면 이 자체를 회사의 비협조 증거로 활용하겠다는 마음으로 증거보전 신청을 했다.

2‖ 언론과 여론 대하기

언론과 접촉하고 상대하는 것은 생각보다 쉽지 않다. 언론은 화제성이 있고 충분한 근거가 있는 사건만 기사화하기 때문에 죽음의 의미와 이유에 관해 어느 정도 이야기가 정리된 후에 언론과 만나야 한다. 준비가 되지 않은 채 언론 대응에 매달렸다가 거절당해 상처를 받기도 한다. 사건을 널리 알리고 싶은 유가족의 의도와 달리 독점 보도를 요구받거나, 유가족의 의사와 다른 뉘앙스로 보도되는 경우, 기사에서 공개된 내용으로 명예훼손 등에 휘말리는 등의 부담도 있다.

기사화되기도 어렵지만, 꾸준히 보도되기란 더 어렵다. 같은 사건이 여러 차례 보도되려면 새로운 기삿거리가 계속 제공돼야 한다. 회사의 대응이 바뀐다든지, 결정적인 증거가 새로 제출된다든지, 비슷한 다른 사례와 묶인다든지, 기자회견이나 토론회 같은 다른 행사가 이어지는 등 이야깃거리가 있어야 후속 보도가 된다. 이를 가족들만의 힘으로 계획하고 지속해서 언론과 접촉하는 것은 쉬운 일이 아니다. 시민단체나 노동조합 등과 연계하는 경우가 아니면 어렵다고 할 수 있다.

그래도 뚜렷한 목표를 가지고 적절한 시점에 한두 차례 언론을 활용해 도움받는 것은 꼭 시민단체나 노동조합이 함께하지 않아도 가능하다. 유가족모임의 어느 과로사 사례의 경우 산업재해가 불승인된 후 억울한 사정을 인터넷 언론사에 기고한 뒤, 인터뷰와 언론 보도를 통해 만난 지역의 전문가들과 합심해 재심사를 신청했고 결국 승인되기도 했다. 최근에는 인터넷 언론사도 많고 기자들이 SNS나 포털사이트 게시판, 청와대 민원게시판 등에서 이슈가 된 사건을 취재하는 일이 많으므로, 직접 언론사를 접촉하기 어렵더라도 다양한 방법을 활용해 사건을 공론화할 수 있다.

언론에서 해당 사건을 보도해주는 경우에도 자신과 가족을 보호하는 것이 중요하다. 취재를 제안한 기자도 주로 자극적인 소재를 찾고 유가족이나 고인의 사생활 보호에 큰 관심이 없어 유가족들이 상처를 받는 경우도 많았다. 남아 있는 가족의 얼굴은 공개하지 않는다거나 사건의 핵심과 관계없는 질문에는 답변을 거부하는 등 유가족이 언론 대응 원칙을 생각해두는 것이 필요하다. 한두 번 더 보도된다고 과로사·과로자살로 인정받기가 꼭 쉬워지는 것도 아니다. 유가족들이 자신을 보호하는 것에 우선순위를 두고 언론을 대해야 한다.

언론과 접촉해 사건이 기사화되고 나면 유가족과 기자의 손을 떠나 형성되는 '여론'도 생각해야 한다. 자살은 나약한 개인의 선택이라는 낙인이 강한 한국사회에서 특히 과로자살의 경우 과로사보다 악플이나 우호적이지 않은 여론이 형성될 위험이 더 높다고 볼 수 있다. 그래도 공론의 장을 통해 과로죽음이 자꾸 다뤄져야 과로사나 과로자살에 대한 사회적 관심이나 이해도가 높아질 것이다. 따라서 우리가 생각하는 문제에 관해, 우리가 생각하는 해결 방법에 관해 우호적인 여론이 형성되도록 노력해야 한다. 단순히 여론이 우호적인가 아닌가에서 나아가 어떤 부분에서 유가족의 논리에 동조하고 어느 부분에서 반론이 나오는지 살펴본다면, 이후 산재 신청과 판정 과정, 회사와의 협상 과정에 도움을 얻을 수도 있다. 의미 없는 댓글들에 일희일비할 필요는 없지만, 고인과 유가족에 대한 인신공격과 명예훼손을 하는 악플에 대해서는 유가족을 보호하기 위해서라도 법적인 수단을 통해 강하게 대처할 수도 있다.

3∥ 법률 전문가와 관계 맺기

유가족들이 하나같이 어려웠다고 말하는 것 중의 하나가 전문가, 특히 노무사나 변호사 등 법률 전문가와의 관계다. 고인의 죽음이 과로사·과로자살임을 받아들인 가족에게 가장 중요한 과제는 산업재해 혹은 공무상 재해로 승인받는 것이다. 현재의 산재보험급여 지급 판정 구조상 이 과정을 유족이 홀로 감당하기란 쉽지 않기 때문에 법률 전문가의 도움이 매우 중요하다.

유족들은 변호사나 노무사를 선임하면 그들이 산재 신청과 판정에 관한 모든 일을 대신해줄 것으로 기대하지만, 실상은 그렇지 않다. 개인정보 보호 등의 이유로 유가족이 직접 준비해야 할 서류나 얻어야 할 정보는 여전히 많다. 면담의 효과와 동료의 반응을 고려하면 동료를 만나 진술을 듣고 정보를 정리하는 것도 여전히 유가족의 몫이 될 가능성이 높다. 법률 전문가는 유가족의 역할을 전부 대신해주는 사람이 아니라 팀을 이뤄 함께 대응하는 사람이라고 생각해야 한다. 물론 유가족이 해야 하는 자료 수집 등도 본인이 매우 힘들고 어렵다면 거부할 수 있다. 유가족이 자신을 보호하는 것은 모든 대응 과정에서 중요한 원칙이다. 만나기 어려운 사람과 접촉 시도하기, 면담한 내용을 다시 들으며 녹취록 만들기, 모바일 기기 등에서 자료 추출하기 등 어려운 부분이 있다면 변호사나 노무사에게 솔직하게 말하는 것이 좋다. 다른 방편으로 문제를 해결하거나 도움받을 수 있기 때문이다.

그리고 법률 전문가와 솔직한 소통이 중요하다. 일단 선임하고 나면 사건을 진행하는 동안은 그를 신뢰하고 함께해 나간다고 생각하는 것이 유가족에게도 마음이 편한 일이다. 비단 변호사, 노무사뿐 아니라 '전문가'라는 사람들의 일은 상당히 표준화되어 있다. 누가 맡느냐에 따른 차이가 생각만큼 크지는 않을 수 있다. 의심하고 후회하는 것보다 일단 선택한 전문가를 신뢰하면서 한 팀으로서 맞춰나가는 것이 사건 진행에나 유가족 마음에나 낫다.

법률 전문가들에게 유가족의 심리적, 정서적, 경제적, 사회적 상황에 대한 고려가 부족할 수 있다. 이럴 때 궁금한 것은 직접 묻고, 힘든 것은 힘들다고 말하는 것은 어쩔 수 없이 유가족의 몫이다. 유가족이 궁금한 점이 많은 것은 당연하다. 산재 신청 준비와 신청 후 기간에 일이 얼마나 진척됐는지, 약속한 업무는 잘 이행되고 있는지, 단계별로 남은 시간은 얼마나 되는지 등을 매번 묻기 미안해 속으로 발만 동동 구르는 유가족도 많다. 궁금한 점을 적극적으로 질문하되 최대한 잘 정리해 답변 기한을 정해두고 묻는 것이 서로에게 도움이 된다. 가령 '○월 ○일에 동료를 면담해 진술서를 부탁할 예정이니, 그보다 이틀 전인 ○월 ○일까지 필요한 자료를 제게 주세요', '현재 일이 얼마나 진행되고 있는지, 다음 단계는 무엇이고 시간이 얼마나 걸릴지 궁금합니다', '다음 노무사님 미팅 때까지 제가 준비할 일은 무엇이고, 노무사님은 무엇을 준비해오시나요?'라고 질문할 수 있다. 어떤 유가족은 긴 시간 노무사와의 갈등에 지쳤다가 '이 사람도 자기 일을 하는 중'임을 고려하고 연락할 시간과 방법을 제한적으로 정해두는 등 적절한 거리를 유지하면서 오히려 마음이 차분해졌다고 말하기도 했다.

법률 전문가들도 유가족의 심리적 상황을 좀 더 고려하면서 일을 진행해야 한다. 유가족들은 산재 보상을 신청하고 회사와 싸우는 중에도 불안이나 분노, 무기력이 수시로, 번갈아 가며 몰아친다. 아무것도 못 할 것 같은 때도 있고, 이 과정에서 남아 있는 가족끼리 상처를 주고받는 경우도 있다. 일 처리 과정에서 이전에 할 수 있던 것만큼 속도를 내지 못할 수도 있다. 이런 점을 법률 전문가들도 염두에 두어야 한다.

4 ‖ 시민단체와 노동조합 만나기

조용히 회사의 사과를 받거나 산업재해로 승인받는 것을 넘어, 과로 문제를 사회적으로 알리거나 회사에 문제를 강하게 제기하고 싶을 때 취할 수 있는 방법이 노동조합이나 시민단체를 만나는 것이다. 사실 가족이 세상을 떠나 슬프고 황망한 가운데 맞닥뜨린 이 문제를 '처리'하는 것 이상의 과제를 생각하기란 쉬운 일이 아니다. 많은 유가족이 산재 보상을 청구할 여력조차 없는 상태로 시간을 보내기도 한다. 그런데도 내 가족의 죽음을 과로죽음으로 인정받는 것을 넘어 아직 회사에 남아 있는 다른 노동자들에게 같은 일이 반복되지 않게 하고 싶다면 시민단체나 노동조합과 함께 산재 보상 청구 이외의 행동을 도모할 수 있다. 우리 모임의 한 유가족은 "후배들에게는 야근시키고 싶지 않다"던 고인의 유지를 잇기 위해 시민단체의 문을 두드리기도 했다.

　고인이 다니던 회사에 노동조합이 있다면 유가족의 힘으로는 구하기 어려운 회사 내부 정보를 얻을 수도 있고, 가족들이 잘 몰랐던 업무의 특징을 자세히 들을 수도 있다. 특히 잘못된 업무 행태에 대해 함께 문제 제기하며 회사 측에 구체적인 변화를 요구할 수 있다. 하지만 한국의 노동조합 조직률은 12%에 못 미치고 모든 노동조합이 과로죽음에 대한 이해와 경험이 많거나 이 문제를 제대로 이해하는 것은 아니다. 그렇더라도 고인이 조합원이었다면, 설령 조합원이 아니었더라도 고인의 회사에 노동조합이 있다면 연락해 도움을 구해보길 권한다. 장례 단계에서부터 노동조합과 함께 전략과 대응 방법을 고민한다면 큰 도움이 될 것이다.

또 다른 방법은 시민단체에 연락하는 것이다. 과로사나 산업재해 문제를 다루는 단체와 곧바로 연결되어야만 하는 것은 아니다. 관련된 단체의 활동 사항을 살펴보고 직접 연락을 취할 수도 있지만, 주변 사람들의 도움 등 다양한 방법을 통하기도 한다. 숨겨져 있던 어느 직업병 피해자가 사촌의 노동조합에서 도움을 받은 사례도 있고, 지방의 한 과로자살 유가족이 전혀 관계없는 업종의 노동조합 활동가를 통해 대응 방안에 조력을 받기도 했다. 지역단체나 인권단체 등과 함께 과로죽음 문제에 대응한 경우도 있다. 그러니 처음 찾아간 단체가 직접 행동에 나서지 못하더라도, 유가족이 도움을 받을 수 있는 적절한 다른 단체를 연계해줄 수 있다.

시민단체라고 쉽게 묶어 부르지만, 단체들에 매우 다양한 성향과 활동방식이 있다는 점은 늘 유의해야 한다. 또한 대책위원회와 같이 우리 가족의 죽음을 계기로 모인 사람들이라 하더라도 이를 활동으로 생각하는 사람들과 유가족의 목표가 다를 수도 있다. 서로 맞춰가는 과정이 지속해서 필요하고, 이는 당연히 유가족에게도 큰 노력을 요구한다. 시민단체 활동 방식이 생소한 유가족들은 이 과정에서 어려움을 겪을 수도 있다. 전형적인 문제이지만, 정답이 있는 것은 아니다. 최대한 유가족의 필요와 요구를 솔직하게 전달하며, 이를 기초로 함께하는 사람들과 활동의 목표나 원칙을 같이 만들고 확인하면서 최선을 다하는 수밖에 없다.

3.
산업재해보상보험 신청과 판정

1‖ 산재 보상 신청과 자료 수집

산재보험 보상을 받는 것은 과로사·과로자살을 업무상 재해로 인정받고 남은 유가족에게 최소한의 보상이 주어진다는 점에서 중요하다. 공무원이나 사립학교 교원, 군인 등 다른 제도로 보상받는 경우도 마찬가지다. 산업재해보상보험법 제1조에 따르면 이 제도는 노동자의 업무상의 재해를 신속하고 공정하게 보상하며, 재해노동자의 재활 및 사회 복귀를 촉진해 노동자 복지를 증진하고 보호하는 것을 목적으로 한다. 혹시 모를 업무와 관련된 질병이나 사고를 대비해 사업주가 평소에 보험료를 납부해두었다가 재해가 발생했을 때 치료와 재활에 필요한 비용을 주고, 치료하느라 일을 못 하는 동안 소득을 보전해주는 제도다. 재해를 당한 노동

[그림1] 산업재해 발생 이후 처리 과정

산재 발생

↓

경찰 조사
←부검(120쪽)
←고려할 점(122쪽)

↓

행정 처리
←사망신고(125쪽)
←연금과 보험(128쪽)
←상속(132쪽)
←긴급복지제도(133쪽)

산재 처리 준비
←이해관계자들(153쪽)
←조언 구하기(159쪽)

↓

근로복지공단에 신청
←자료 수집(166쪽)

↓

재해 조사
←조사 과정(176쪽)

↓

질병판정위원회의 판정
←판정 기준(178쪽)

↓

산재 승인
←급여 수급(180쪽)
←손해배상 청구(182쪽)

산재 불승인
←심사, 재심사 청구(187쪽)
←행정소송(189쪽)

자가 제대로 치료받고 다시 일터로 복귀하는 것은 사회적으로도 매우 중요한 일이기 때문에 산재보험은 민간 보험회사에 맡기지 않고 국가에서 근로복지공단을 통해 관리하고 있다. 사업주가 산재보험에 가입하지 않고 보험료를 내지 않고 있었더라도 해당 일터에서 일했다는 것이 증명되면 산재보험 보상을 신청할 수 있다.

산재보험에서 인정하는 업무상 재해에는 업무상 질병, 업무상 사고, 출퇴근 재해가 있는데 우리가 다루는 과로사·과로자살은 업무상 질병에 해당한다. 업무상 질병으로 인정받으려면 업무수행 과정에서 해당 질병이나 사망이 발생하거나 악화할 수 있는 요인에 노출된 후 발생 혹은 악화했다는 원인과 결과 간의 상당성이 있어야 한다. 과로사나 과로자살의 경우는 뇌심혈관질환을 일으키거나 악화시킬 수 있을 정도의 많은 업무량이나 갑작스러운 업무 부담, 직무스트레스 등이 업무상 요인이 된다. 꼭 업무 때문에 새로 발생한 질병이어야 하는 것은 아니고, 기존 질환이 있었는데 일 때문에 더 빠르게 악화했음이 증명되면 산업재해로 인정받을 수 있다.

산 업 재 해 보 상 보 험
[ ] 유 족 급 여
[ ] 진폐유족연금   청 구 서
[ ] 장 의 비

※ 공통란은 모두 기재하시고, 해당 신청란에 [✔] 하고 기재하시기 바랍니다.

접수번호		접수일		처리기간 10일	
사업장	사업장 관리번호 - 사업개시번호( )		사업장명	소재지	
재해자	성명	주민등록번호 -			
	주소 🏠			직종	
	재해발생일 년 월 일			채용년월일	

유족 급여	수급방법 [ ]연금 [ ]일시금 [ ](일시금,연금)×1/2	
	재해발생원인 및 상황 ※ 최초 유족급여 청구에만 기재하시되, 뒷면란하여 작성하여 주십시오 (별지 첨부)	
	구비 서류	1. 근로자의 사망진단서 또는 사체검안서 1부(사망이상인 경우 사체부검소견서 1부) 2. 주민등록등본 또는 「가족관계의 등록에 관한 법률」에 따른 증명서 1부 ※ 행정정보 공동이용에 동의하는 경우에는 주민등록등본은 공단 직원이 확인하나, 주민등록등본으로 수급권자 확인이 곤란한 경우에 가족관계 증명서가 필요합니다.

장의비	장제실행자 성명	사망자와의 관계	장제실행일	비용

미지급 보 험급여	산재근로자가 사망하기 전에 청구하지 않은 보험급여가 있으면 청구하시겠습니까? ( ) 예 ( )아니오

수령 계좌	수령희망은행 및 계좌번호: (예금주 :)
	[ ] 보통계좌
	[ ] 보험급여 전용계좌(희망지킴이-압류금지계좌)

확인 사항	① 이 재해와 동일한 사유로 민법, 그 밖의 법령에 따른 배상 또는 보상을 받은 사실이 있습니까 ( )예 ( )아니오 ② 배상 또는 보상금을 수령한 경우 그 내역(①에서 "예"라고 체크한 경우에만 작성합니다.)			
	수령일자	수령금액	지급한 자	첨부서류
				합의서, 판결문, 영수증, 기타서류 등

부가서비스 제공을 위한 개인정보 이용 동의서[선택사항]

공단의 부가서비스 홍보와 고객만족 향상을 위한 안내 목적으로 개인정보를 이용하고자 하니 아래의 내용을 읽 결정하여 주시기 바랍니다.

□ 개인정보 이용 내역

이용 목적	이용 항목
홍보문자, 전자우편 전송, 감사편지 발송 등	성명, 연락처(일반전화, 휴대전화, 전자우편, 주소)

※ 위의 개인정보 이용에 대한 동의를 거부할 권리가 있습니다. 이 경우 홍보자료 및 사은품 수령에 수 있으며, 위 동의를 거부하더라도 산재보험 요양급여 신청 및 보험급여 청구에 대한 불이 않습니다.

개인정보 이용에 동의하십니까? ([ ] 예, [ ] 아니오)
       년   월   일   성명   (서명)

※ 보험급여 결정에 관한 통지 및 민원접수 처리결과 안내는 「산업재해보상보험법」 및 같은 법 시행령, 「민 법률」에 따라 본 개인정보 동의와 무관하여 통지됨을 알려드립니다.

본인은 (유족급여, 진폐유족연금, 장의비, 미지급보험급여) 청구 기재내용이 사실임을 확인하고 산업재해보상 보험법 시행령 제21조제1항에 따라 위와 같이 청구합니다.
       년   월   일
청 구 인: (서명 또는 인) 🏠
대 리 인: (서명 또는 인) 🏠

근로복지공단   지역본부(지사)장 귀하

산업재해보상 신청은 재해 당사자, 과로죽음의 경우 유가족이 할 수 있다. 2020년 12월 기준으로 인터넷 접수는 불가능하고, 신청서(유족급여 및 장의비 청구서)만 근로복지공단 홈페이지에서 내려받을 수 있다. 일했던 사업장, 재해자정보, 산재(과로사·과로자살)라고 판단되는 이유를 적어 입증자료와 함께 재해 발생 경위서로 제출하고, 사망진단서또는 사체검안서와 부검소견서 등 사망 관련 자료, 그 외 가족관계증명서 등 유족급여에 필요한 행정 서류를 회사 소재지 근로복지공단 지사에 내면 된다. 고인이 요양치료 중 재해를 당했다면 요양했던 의료기관 주소지의 근로복지공단지사에 제출한다.

신청 과정에서 필요한 서류를 작성, 준비할 때 전문가의도움이 필요한 부분이 적지 않기 때문에 법률 전문가의 도움을 받아 진행하는 경우가 대부분이다. 단순히 행정 서류를 준비하는 것은 어렵지 않으나 고인의 사망이 업무와 관련되었다는 점을 주장하고, 그런 상황을 설명하는 자료를산재 인정 기준에 맞춰 준비하기가 무척 까다롭다. 노동시간이 얼마나 길었는지 입증할 자료, 업무 강도가 얼마나 높았는지 보여주는 증거, 직장 스트레스가 심했음을 드러내는 진술 등이 포함되어야 하기 때문이다. 재해 발생 경위서가 요구하는 분량이 따로 있지 않지만, 최대한 자세히 작성하는 것이 중요하므로 법률 전문가를 선임해 도움받길 권한다. 다만 경위서 작성을 위해 필요한 구체적 자료는 유가족이 직접 수집하는 편이 효율적이다. 죽음 전 고인의 생활을 유가족이 더 잘 알기 때문이다.

유가족을 비롯해 고인과 가까웠던 사람들은 고인의 지난 시간을 다시 되짚으며 과로죽음으로 인정받을 수 있는 다양한 증거를 찾아내야 한다. 고인이 과로할 수밖에 없던 생활을 들여다보는 것 자체가 매우 곤혹스러울 것이며 일상을 희생해 자료 수집에 나서야 하기에 육체적으로나 심적으로나 지칠 것이다. 생활과 산재 준비 과정을 병행하며 우리에게 과로가 초래된다고 해도 과언이 아니다. 여기에서 나누는 정보 모으기의 경험이 피로를 조금이라도 더는 데 도움이 되길 바란다. 어떤 자료든 증거로 활용될 수 있을 것 같다면 적극적으로 법률 대리인에게 전달해야 한다.

① 노동시간 기록 확보하기

과로죽음을 산업재해로 인정받기 위해서 가장 먼저 노동

시간에 대한 증거가 필요하다. 산재 승인 시 '근로시간'을 가장 기본으로 보기 때문이고, 과로나 스트레스를 객관적으로 입증하기 가장 좋은 자료이기 때문이다.

고인이 얼마나 긴 시간 근로를 했는지 입증하기 위한 자료 중 대표적인 것이 출퇴근 시간 기록이다. 회사에서 찍는 출퇴근 카드 기록이 고인의 근로시간을 알려주는 가장 기본적인 자료지만, 이 기록은 회사에서 가지고 있으며 쉽게 내어주지 않는 경우가 대부분이다. 따라서 고인의 근무시간을 계산할 수 있는 다른 방법을 강구할 필요가 있다. 출퇴근 교통카드 기록이 대표적이다. 회사 근처에서 하차한 시간, 회사 근처에서 승차한 시간을 가지고 노동시간을 추정하는 엑셀 표를 만들어 활용한다. 고인이 출퇴근 시 자차를 이용했다면 블랙박스 기록이나 하이패스 기록도 활용할 수 있다. 나아가 "출근한다", "퇴근한다" 등의 내용을 주고받은 메시지가 있다면 이 역시 적극적으로 활용할 필요가 있다. 법인카드로 사용한 주유나 야근 식대 횟수와 시간도 모두 활용할 수 있다.

② 디지털 기록물

과로죽음에 대한 산업재해 승인 시 또 하나의 중요한 쟁점은 고인이 담당했던 업무 과중의 정도다. 이를 유가족이 입증해야 하는데 대표적인 방법이 디지털 기록물이다. 고인의 휴대폰에 저장된 업무 관련 사진, 통화 내역, 이들이 저장된 시간 등은 모두 중요한 자료다. 주말에 상사와 통화했던 빈도, 한밤중에 집에서 주고받은 이메일 등이 모두 업무 과중의 간접적인 증거가 된다. 따라서 과로죽음 이후 고인의 휴대폰, 컴퓨터 등을 잘 관리해야 하며 반드시 꼼꼼하게 확인할 필요가 있다.

③ SNS

고인이 사용했던 페이스북, 인스타그램, 트위터, 블로그, 밴드 등 SNS에 기록되어 있는 사항들도 중요한 증거자료로 활용될 수 있다. 고인이 평소 SNS를 사용했다면 해당 사이트에 접속해 기록을 확인해본다. 고인이 쓰던 계정을 알고 있다면 각 사이트에서 제공하는 비밀번호 찾기 기능을 통해 접속이 가능하며 비공개 기록도 볼 수 있다. 직장 내 괴롭힘을 당하다 자살한 한 젊은 노동자는 트위터에 괴롭힘당한 내용과 이를 신고한 뒤 협박받은 일, 이로 인한 정신적 압박감을 적어두었고 이것이 증거로 채택돼 산재가 인정되었다.

④ 포털사이트 계정

고인의 포털사이트 계정 자료도 중요하다. 구글, 네이버, 다음 등 평소 고인이 사용했던 포털사이트의 이메일 계정, 검색 기록 등도 수집해볼 필요가 있다. 예컨대 구글에서는 구글 계정으로 접속한 사이트 기록을 시간 순서대로 확인할 수 있으며, 고인이 생전에 저장해둔 자동로그인 사이트의 계정과 비밀번호도 확인이 가능하다. 구글뿐 아니라 네이버, 다음 등 포털사이트를 자주 이용했다면 여기서도 검색 내역, 자주 이용한 장소, 일정을 확인할 수 있다. 포털사이트 다이어리에 남겨둔 업무 일지와 사망 당일 '가슴 통증 이유'를 검색한 기록이 모두 증거로 활용된 사례도 있다.

⑤ 동료 인터뷰

산재 승인을 위해 가장 중요한 자료라고 할 수 있는 것이 바로 동료의 증언이다. 고인과 함께 일했던 동료가 고인의 업무가 과중했다고 증언하는 일은 매우 핵심적인 증거가

되기 때문이다. 물론 동료의 증언을 받아내기는 무척 어렵다. 동료들은 여전히 해당 회사에 근무하는 노동자이므로 증언했을 때 불이익이 생길 수 있기 때문이다. 혹은 이미 회사에서 증언하지 말라는 압박을 가했을 수도 있다. 따라서 증언을 거부당했을 때 너무 상처받지 않길 바란다. 동료의 증언이 있으면 좋겠지만, 그렇지 않다고 해서 산업재해로 승인받을 수 없는 것은 아니다. 혹시 고인의 동료 중 퇴사한 이가 있다면 그에게 연락해 증언을 부탁하는 것도 좋은 방법이다.

동료에게 증언을 부탁할 때는 메시지를 남기는 방법, 전화로 인터뷰하는 방법, 직접 찾아가 인터뷰하는 방법 등이 있는데 해당 동료의 상황이나 성향에 따라 적합한 방법을 찾아 세심하게 접근하는 것이 중요하다.

⑥ 기타

이외에도 고인의 업무 과중을 입증할 자료는 다양하다. 예컨대 고인이 진행했던 사업 프로젝트가 기사화되었다면 해당 기사 역시 중요한 증거자료로 활용될 수 있다. 이외에도 과거 병력 및 최근의 질병력을 파악하기 위한 자료 확보가 중요하다. 건강보험 요양급여 내역에는 우울증 등 개인의 사생활과 밀접한 질병정보가 수록되어 있다. 건강보험 요양급여 내역은 법에 따라 10년간 보존 관리되며 국민건강보험공단에 자료 확보를 문의할 수 있다.

2‖ 근로복지공단 조사

산재보험 보상 청구서가 접수되면 근로복지공단 해당 지사 보상부에서 업무상 사망 여부를 조사한다. 일하던 중 발생한 '사고'로 인한 사망은 공단 조사 후 업무상 사망에 해당하면 바로 산업재해로 승인되지만, 과로사·과로자살과 같은 업무상 '질병'은 업무상질병판정위원회에서 업무상 사망인지 여부를 결정한다. 이때 질병판정위원들이 판단할 수 있도록 하는 기초 자료를 근로복지공단 지사가 만든다. 근로복지공단 담당자는 사업장도 조사하고 신청인인 유가족도 조사하며 나름대로 자료를 모은다. 이를 위해 근로복지공단은 유가족들에게 출석을 요구한다. 근로복지공단 출석을 앞두고 많은 유가족이 긴장하지만, 산업재해 보상 신청을 하며 제출한 서류에 기반해 질문하므로 너무 걱정할 필요는 없다. 고인의 업무가 과중했다는 점에 관해 성심성의 껏 대답하면 된다. 근로복지공단에 출석하기까지 빠르면 산재 신청 후 두 달 정도 걸리지만, 때에 따라 몇 달 더 길어질 수도 있다.

염두에 둘 것은 조사 과정에서 근로복지공단의 역할이 사업주와 유가족이 제출한 각각의 자료를 정리하고, 주장이 다르거나 부족한 경우 이의 보완을 요구하는 정도에서 그친다는 점이다. 지금의 근로복지공단 구조와 인력으로는 경찰처럼 직접 재해를 자세히 조사해 건마다 자료를 만들 역량이나 권한이 없기 때문이다. 구체적인 자료는 유가족 측이 직접 준비해야 하므로 이때에도 법률 전문가의 도움이 필요하다. 법률 전문가들은 법적 기준과 판례 경향에 따라 고인의 죽음이 업무에 의한 것임을 설명하도록 유가족이 제공한 자료와 증거를 구성하는 역할을 한다. 논리 흐름에 따라 자료를 배치하고, 부족한 부분을 채워주기도 하며, 공적 서류 체계에 맞춰 근로복지공단 직원과 질병판정위원들이 보기 편하고 이해하기 쉽게 다듬는 역할도 한다.

조사를 담당하는 근로복지공단 지사가 고인이 근무했던 사업장 주소 관할 공단 지사라는 점도 알아두어야 한다. 유족이 해당 지역에 거주하지 않는 경우 근로복지공단 조사를 받기 위해 이동 시간에 하루를 온전히 쓰는 일도 있다. 또 사건 처리가 워낙 오래 걸리다 보니 근로복지공단 내부 인사이동이나 전출입으로 사건 담당 직원이 바뀌기도 한다. 이때 사건을 다시 설명해야 하거나 중요한 조사 내용이 누락되는 일도 생기니 잘 확인해야 한다.

3 ‖ 업무상질병판정위원회 판정

근로복지공단 조사가 마무리되면 해당 사건의 업무상질병판정위원회가 열린다. 이 위원회는 업무상 질병 인정 여부를 심의하는 기관이다. 지역별로 서울, 경인, 부산, 대구, 대전, 광주의 총 6개의 판정위원회가 있어 사업장이 속한 곳에서 결정하게 된다. 다만 자살 사건은 모두 서울질병판정위원회에서 판정한다. 판정위원은 보통 위원장을 포함해 4~6명이다. 산재보상보험법에 따라 위원회별로 180여 명의 질병판정위원이 있어 판정 회의마다 판정위원을 구성하는 방식이다. 해당 질병 관련 임상의 1~2명, 직업환경의학과 전문의 2명, 변호사 등 법률 전문가 2인의 구성이 일반적이다.

　업무상질병판정위원회의 개시를 당사자에게 알리게 되어 있고 원한다면 출석해 추가 진술할 수 있다. 법률 대리인에게 이를 위임하고 출석하지 않아도 상관없지만, 유가족 입장에서 고인의 죽음에 관해 직접적으로 문제 제기하고 호소할 마지막 기회이기에 신청 결과에 후회가 없도록 직접 참석하길 추천한다. 법률 대리인과 함께 참석할 수 있다.

　판정위원이 고인의 구체적인 업무 내용, 지병 유무, 제출 자료에 관해 질문할 수 있는데 유가족이 이에 대응하기 위한 준비를 직접 해서 구체적으로 답변하는 데 의미가 있다. 모든 판정위원이 회의 개최 최소 일주일 전에 사건 자료를 받아 모두 검토한 후 참석하므로, 위원들이 자료를 숙지하고 있다고 전제하고 업무상 질병임을 입증할 가장 중요한 근거, 주요 쟁점을 중심으로 간략하게 발언하는 것이 좋다. 많은 유가족이 업무상질병판정위원회의 분위기가 굉장히 권위적이라고 호소한다. 이런 점도 미리 고려해두면 좋을 것이다. 판정위원회 회의가 마무리되면 약 일주일 안에 산재 인정 승인 여부가 통지된다.

　앞서 설명한 대로 한국의 산재보험에서 과로사 · 과로자살을 판단하는 법적 기준이 몇 가지 있긴 하다. 하지만 이는 예시 기준일 뿐이며 노동시간을 제외하고는 이 기준에 해당하는지의 여부를 판단하는 것 자체가 쉽지 않다. 따라서 매우 논쟁적인 이 기준만을 가지고 승인 여부를 속단할 필요는 없다. 게다가 최근 과로사나 과로자살의 업무상 질병 승인율이 빠르게 높아지고 있기 때문에 자료를 바탕으로 최선을 다해 판정위원들을 설득할 준비를 하면 된다.

4 ‖ 산업재해로 승인되었을 때

① 유족급여와 장의비

과로로 인한 사망을 산업재해로 인정받으면 산업재해보상보험법 제62조에 따른 유족급여와 제71조에 따른 장의비를 지급받을 수 있다.

유족급여는 유족보상연금과 유족보상일시금으로 나뉜다. 유족보상연금은 수급자가 사망하거나 재혼하는 등 유족연금을 받을 수 있는 자격이 없어질 때까지 매월 25일에 지급된다. 원한다면 유족보상일시금에 해당하는 금액의 절반을

한 번에 받고, 이에 따라 50% 감액된 유족연금을 매달 받는 방식도 있다. 선택에 따라 유족급여 지급이 시작되면 수령 방법을 변경할 수 없기 때문에 신중하게 선택해야 한다.

유족보상연금 수급권자는 고인이 사망할 당시 생계를 같이 하고 있던 유족 중 배우자, 25세 미만의 자녀, 60세 이상의 부모 또는 조부모, 19세 미만의 손자녀, 19세 미만이거나 60세 이상인 형제자매 등이다. 고인의 사망 당시 태아였던 자녀는 출생했을 때부터 적용된다.

유족보상연금액은 기본금액에 가산금액을 합산한 금액으로 결정된다. 기본금액은 평균임금에 365를 곱해 얻은 금액(이하 급여기초연액)의 47%에 해당하는 금액이다. 가산금액은 급여기초연액의 5%에 해당하는 금액을 수급권자의 수에 따라 계산한다. 다만, 가산금액은 합산한 금액이 급여기초연액의 20%를 초과할 경우 급여기초연액의 20%를 상한으로 한다. 즉, 급여기초연액의 절반가량을 기본으로 받고 여기에 부양하던 가족의 숫자 등을 더해 결정되는 것이다.

유족보상일시금은 유족의 희망에 따라 지급받을 수 있는 것은 아니다. 고인이 사망했을 때 유족보상연금 수급권자가 없는 경우 지급되며 지급액은 평균임금의 1,300일분이다.

유족보상일시금은 지급이 결정된 날로부터 14일 이내에 지급된다.

장의비는 산재 승인 후 유족이 근로복지공단에 청구할 수 있으며 실비 성질의 급여다. 장의비는 평균임금의 120일분으로 계산하는데, 장제를 지낼 유족이 없거나 부득이한 사유로 유족이 아닌 사람이 장제를 지낸 경우 실제 쓴 비용을 장제를 지낸 사람에게 지급한다. 단, 장의비의 상한은 2021년 현재 최고 16,334,840원이며 하한은 11,729,120원이다.[18] 이 범위 안에서 평균임금의 120일분에 해당하는 금액을 장의비로 받을 수 있다. 장의비를 수령하기 위해서는 장제를 지냈다는 확인서를 근로복지공단에 제출해야 한다. 확인서에는 장제를 지낸 일시와 장소, 장제 실행자, 실제 비용을 누가 부담했는지 등을 기재한다.

② 손해배상 청구

과로가 입증되어 공단으로부터 업무상 재해를 승인받은

---

[18]   장의비의 최고·최저금액은 매년 고용노동부 고시로 발표된다.

경우 유가족이 받는 보험급여가 적은 금액은 아니지만, 유족들의 상처에 비하면 많지 않을 수 있다. 근로복지공단이 지급하는 보험급여는 재해 노동자의 실질적 손해를 기준으로 보상하는 것이 아니라 이미 산업재해보상보험법에 정해둔 기준에 따라 지급(정률 보상)하는 것이므로, 고인이 실제로 입은 손해는 근로복지공단으로부터 지급된 보험급여를 초과할 수 있다. 또한, 산재 신청을 하면 회사에서는 산재보험료 인상 등 불이익을 우려해 자료 제공에 협조하지 않거나 사실관계를 은폐하려는 경향이 있다. 가족의 죽음으로 씻을 수 없는 상처를 입은 유족들은 산재 신청 과정에서 회사의 태도에 다시 한번 큰 상처를 받을 수 있다.

업무상 재해 승인 이후 회사를 상대로 산재보험급여 이외의 보상을 청구할 수 있다. 산재 사건으로 인한 손해배상 청구 소송은 일반적인 채무불이행 소송이나 불법행위 소송의 한 형태이므로 민법 규정이 적용되지만, 산재 사건의 특성 때문에 일반적인 손해배상 청구 소송과는 다르게 진행된다. 다음 내용은 손해배상 청구에 관해 자세히 정리한 것이다. 노무사는 손해배상 청구를 대리할 수 없으므로 변호사와 긴밀하게 협의해야 한다.

손해배상 청구 개요

산업재해보상보험법에 따른 보험급여와 별도로 유가족은 민법상 손해배상을 청구할 수 있다. 민법에서는 고의 또는 과실로 인한 위법행위로 타인에게 손해를 가한 자는 그 손해를 배상할 책임이 있다고 규정하고 있다. 업무상 재해에 따른 민사상 손해배상을 청구하는 경우 대부분 위와 같은 불법행위 책임을 묻게 된다. 회사가 위법행위를 해서 재해자가 과로죽음에 이르렀다고 본다면, 이로 인해 발생한 재산상 손해와 정신적 손해에 대해 배상을 청구할 수 있다. 재산상 손해는 원래의 이익에 침해가 발생한 적극적 손해와 장래에 이익을 얻지 못하게 되어 생긴 손실인 소극적 손해로 나뉜다.

① 재산상 손해

소극적 손해로서의 일실수입(일실이익)이란 사고가 없었다면 고인이 장래 얻을 수 있었으리라고 예측되는 이익 또는 소득, 임금 등을 의미한다. 사고 당시의 실제 수입이 산정 기준이 된다. 건설 현장의 기능공을 예로 들어 살펴보자. 사고 당시 건설회사의 일용직으로 고용된 노동자가 공사 현장에서 기능공으로 일했고 일정한 기간이 지나 준공된 경우, 사고 시점부터 준공 완료까지는 회사에서 얻고 있던 수입을 기초로 일실수입을 산정한다. 그 후 가동연한까지는 일반 기능공으로 종사해 얻을 수 있는 평균수입(주로 도시일용노임)을 기초로 일실수입을 산정한다. 여기서 가동연한이란 노동자가 일할 수 있는 나이의 상한선이다. 종전에는 만 60세였으나 최근 대법원 전원합의체 판결에 따라 만 65세로 상향 조정되었다. 일실수입을 산정할 때 노동능력 상실률도 고려하는데 이는 의사의 감정 결과로 판단한다. 법원의 손해배상 실무에서는 맥브라이드표를 적용해 신체 장해를 판정하고 그 외에는 국가배상법령상의 신체장해등급과 노동능력 상실률표 등을 적용한다.

적극적 손해는 증세의 호전이나 완치를 위한 것뿐 아니라, 악화 방지나 생명 연장 등을 위해 쓴 치료비용 등의 손해를 뜻한다. 보통 상해 치료에 사용한 한방치료비, 입원 중 식대, 입퇴원 · 전원 · 통원에 지출한 교통비와 통원하느라 병원 근처에서 숙박한 비용 등이 인정된다. 사고로 부상해 입원 치료를 받는 경우 개호, 간병 등의 명목으로 지출한 비용이 있다면 그 배상도 청구할 수 있다. 갑작스러운 과로죽음이라면 장례비용 청구를 고려하는 것이 좋다.

② 정신적 손해

민법 제751조는 타인의 신체, 자유 또는 명예를 해하거나 기타 정신상 고통을 가한 자는 재산 이외의 손해에 대해서도 배상할 책임이 있다고 규정하는데, 이러한 정신적 고통 내지 정신상의 손해배상액을 일반적으로 위자료라고 한다. 정신적 고통은 과거, 현재의 것뿐만 아니라 장래 느끼게 될 고통도 포함된다. 위자료 청구권은 생명, 신체를 침해당한 직접 피해자뿐만 아니라 그로 인해 정신적 고통을 입은 근친자 또는 그에 준하는 자도 행사할 수 있으므로 과로죽음 유가족에게도 위자료 청구권이 있다. 민법 제752조에서도 타인의 생명을 해하는 자는 재산상 손해가 없는 경우에도 피해자의 직계존속, 직계비속 및 배우자에게 손해배상의 책임이 있다고 규정하고 있다.

③ 과실상계와 손익상계

산재는 무과실 보상이기 때문에 노동자에게 과실이 있더라도 산재보험 급여가 지급된다. 이에 반해 민사상 손해배상 청구에서는 노동자의 과실 비율을 반영한다. 노동자의 과실 비율은 사건마다 다를 수밖에 없으며, 이에 따라 손해배상액이 달라진다. 사고와 관련해 손해를 입은 것과 같은 원인으로 이익을 얻었다면 그 이익을 공제해야 한다. 산재 손해배상 청구 소송에서는 산재보험금 수령액과 고인이 사망하지 않고 가동연한까지 소비했을 생활비 등이 손익상계될 수 있다.

결론적으로 고인의 과로죽음에 대해 손해배상을 청구하면 일실수입(별도의 치료비가 발생하지 않은 사망의 경우)에서 순차적으로 과실상계와 손익상계를 한 다음 정신적 위자료를 더해 손해배상액을 산정한다. 대략의 방식은 이렇지만, 세부적인 내용은 사안마다 달라질 수 있으니 구체적인 판단이 필요하다. 어떤 방식에 따라 청구할지, 손해배상액을 어떻게 산정해야 하는지 등은 변호사 등 관련 전문가의 도움을 받을 수밖에 없다. 유가족들이 회사에 손해배상액을 청구하는 것은 회사의 사과를 받아낸다는 의미이기도 하다. 하지만 산재 승인을 받는 과정에서 회사와 여러 가지로 다툼이 있었을 수 있기 때문에 산재 승인 이후 손해배상 청구 소송 진행을 망설이기도 한다. 이럴 때는 손해배상 청구 소송을 제기하기에 앞서 회사와 손해배상에 관한 합의를 시도해 배상을 받을 수도 있다.

5 ‖ 불승인되었을 때의 불복 절차

과로로 인한 업무상 재해의 경우 업무수행 중 부상했을 때에 비해 산업재해로 승인받기가 무척 어렵다. 관할 근로복지공단이 심의 결과 업무상 재해가 아닌 것으로 판단한 경우 문서를 통해 업무상 재해의 불승인에 대한 통지(이하 불승인 처분)를 한다. 이때 산재보험 급여를 청구한 유족 등은 여러 방법으로 이의를 제기할 수 있다. 불승인 처분한 관할 근로복지공단 지사를 통해 심사 청구를 하거나, 고용노동부 산업재해보상보험 재심사위원회에 재심사 청구를 할 수 있고, 행정소송 절차로 구제받을 수도 있다.

① 심사 청구

근로복지공단 본부에 직접 심사 청구하는 것이 아니라 해당 불승인 처분을 한 근로복지공단 관할 지사를 통해 심사 청구를 해야 한다. 심사청구서와 함께 심사청구이유서를 함께 제출해야 한다. 심사청구이유서에 정해진 양식이 있는 것은 아니지만, 일반적으로는 심사 청구를 제기하는 취지(불승인 처분에 대한 취소를 구함)와 구체적인 이유를 적는다. 이때 근로복지공단 지사의 불승인 처분 이유에 대한 반박을 중심으로 상세하게 작성하도록 한다. 유족이 심사청구서와 심사청구이유서를 접수하면 근로복지공단 관할 지사(이하 원처분 지사)는 심사청구서를 받은 날로부터 5일 이내에 의견서를 첨부해 근로복지공단 본부에 보내야 한다. 근로복지공단에 설치된 산업재해보상보험심사위원회(이하 심사위원회)는 원처분 지사에서 심사청구서와 의견서를 받은 날로부터 60일 이내에 심의를 거쳐 심사 청구가 타당한지의 여부를 결정한다. 다만, 부득이한 사유로 60일 이내에 결정이 어려운 경우에는 1회에 한해 20일을 넘지 않는 범위에서 심의 기간을 연장할 수 있다. 즉, 심사청구서 접수 후 최장 85일 안에 심사 청구에 대한 결정을 받게 된다. 가장 주의할 것은 원처분 지사의 유족급여 등 불승인 처분이 있음을 안 날로부터 90일 이내에 심사청구서를 접수해야 한다는 점이다. 처분 통지서를 받은 날로부터 90일이 지나면 심사 청구가 불가능하다.

② 재심사 청구

심사 청구를 했지만, 심사위원회가 원처분 지사의 불승인 처분이 타당하다고 결정할 수도 있다. 이 경우에는 고용노동부에 설치된 산업재해보상보험 재심사위원회(이하 재심사위원회)에 다시 이의를 제기할 수 있다. 이때도 마찬가지로 원처분 지사를 통해 재심사를 청구해야 한다. 산업재해보상보험법에서 재심사 청구 시 심사 청구 절차를 준용하도록 규정하고 있으므로 재심사 청구 절차는 심사 청구 절차와 같다. 심사위원회가 원처분 지사의 산재 불승인 처분이 옳다고 결정했음을, 즉 심사 청구가 받아들여지지 않았음을 안 날로부터 90일 안에 재심사 청구를 제기해야 한다.

재심사 청구는 심사 청구에 대한 결정에 불복할 때 거치는 절차이지만, 예외적으로 업무상질병판정위원회의 심의를 거친 불승인 처분에 대해서는 심사 청구 절차를 거치지 않고 곧바로 재심사 청구가 가능하다. 과로사·과로자살의 경우 업무상질병판정위원회의 심의를 거치기 때문에 곧바로 재심사 청구를 제기할 수 있다.

③ 행정소송

심사 청구 또는 재심사 청구를 제기했는데도 원처분 지사가 내린 산재 불승인 처분이 적법하다는 판단을 받은 경우(기각 결정 또는 기각 재결), 법원에서 구제받을 수 있다. 행정소송 결과 원처분 지사의 산재 불승인 처분이 적법하지 않다고 인정되어 불승인 처분을 취소하는 판결이 이뤄지면 담당했던 관할 근로복지공단 지사는 법원 판결에 따라 불승인을 취소하고 산재 승인 처분을 다시 해야 한다. 행정소송을 제기할 수 있는 기간은 원처분 지사의 불승인 처분, 심사위원회의 기각 결정, 재심사위원회의 기각 재결 등을 안 날로부터 90일 이내다.

[그림2] 불복 절차 흐름

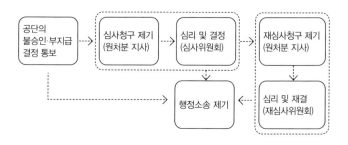

산재 불승인에 불복할 때 위의 모든 절차를 반드시 거쳐야 하는 것은 아니다. 처음 관할 지사로부터 불승인 처분 통지를 받고 곧바로 행정소송을 제기할 수도 있고, 심사 청구

까지 진행한 후 심사위원회 결정에 불복해 행정소송을 제기하는 방식도 있다. 재심사 청구까지 하고 나서 재심사위원회의 기각에 대해 행정소송을 제기할 수도 있다. 다만, 불복 절차는 근로복지공단에서 내린 불승인 처분을 번복해달라는 것이므로 원하는 결과를 얻기 위해 기존과 다른 논리, 더욱 구체적인 입증자료가 필요하다. 그리고 고인의 사망이 업무 때문에 발생했음을 증명하고 설득해야 하기에 법률 대리인과 긴밀하게 협력해야 한다.

심사 청구와 재심사 청구가 각각 근로복지공단과 고용노동부 산하 위원회에 다시 심사를 요청하는 것이므로 사실상 쉽게 번복되지 않는다. 이런 측면에서 행정소송은 판단 주체가 법원으로 변경되는 것이고, 법원이 사건을 더 종합적으로 판단하는 경향이 있으므로 다른 결과를 기대해볼 수 있다. 따라서 어떤 불복 절차를 선택할지는 법률 대리인과 상의해 선택하는 것이 좋다.

제4장

일터에 남은 동료들

1
사람들이 떠난 회사에서

과로죽음 이후 고인의 동료들이 해준 말은 유가족에게 매우 큰 의미가 된다. 고인의 과중노동 정도나 일터에서의 상황을 자세히 알려줄 수 있는 사람이 함께 일한 동료이기에 더욱 그렇다. 고인의 동료들은 유가족이 미처 알지 못했던 고인의 모습을 알기도 하고 때로는 여전히 진행 중인 과로 실태에 관해 고인을 대신해 증언할 수 있는 중요한 존재다. 물론 이 역할을 수행할지는 동료 자신의 선택이지만, 어떤 선택을 하든 과로죽음 사건은 일터에 남겨진 동료들에게 커다란 영향을 미친다. 사건 이후 동료들은 회사의 대응과 사회적 분위기에 따라 심리적인 변화를 겪기도 하고 이것이 행동의 변화를 초래하기도 한다.

아래에서는 가까운 직장 동료를 과로죽음으로 한순간에

잃은 동료의 서글픔, 같은 직종에서 벌어진 사건 소식을 접한 이들의 암담한 마음을 나누어 살펴보려 한다. 과로사나 과로자살이 발생한 일터 사례를 찾아 유가족모임이 직접 인터뷰했다.

1 ‖ 과로로 세 명이 죽다

과로사로 팀장을 잃은
게임업체 직원 최준규 씨

알고 지내던 형이 팀장으로 일하던 게임회사에 형의 추천으로 입사했다. 같은 팀으로 일하자는 말에 기뻤지만, 수습 기간을 마칠 때쯤 형은, 아니 우리 팀장님은 과로사했다. 함께 일할 수 없다. 며칠 후면 형의 기일이다. 나는 여전히 형의 페이스북에 할 말을 적곤 한다. 형과 함께 일했던 시간이 사실 그립진 않다. 많이 힘들었으니까. 야근하면서는 종종 "팀장님! 일 좀 적당히 합시다"라고 불평했다. 팀장님은 늘 똑같이 대답했다. "그래도 어쩌겠냐. 해야지."

게임회사는 게임 출시를 위해 기획, 디자인, 프로그래밍을 맡은 팀들이 생산라인처럼 각각 정해진 시간 안에 결과물을 내야 하는 구조다. 만약 기획 단계에서 조금 늦어지면 그만큼 디자인, 프로그래밍을 맡은 팀들에게 주어지는 시간이 단축된다. 가령 새로운 게임 출시 프로젝트 기간이 6개월인데 첫 단계인 기획단계에서 5개월을 사용해버리면 그 뒤 시스템 개발팀, 디자인 개발팀이 1개월을 나눠 일해내야만 한다. 이렇다 보니 각각의 팀원들은 크런치모드[19]로 야근과 철야를 밥 먹듯 한다. 주말 근무는 당연하고 퇴근 후에도 카톡으로 일정을 보고받거나 논의하는 일이 잦았다. 너무 힘들었다. 장난 반 진심 반으로 "우리 이러다 죽는 거 아니야?"라는 말을 달고 살았다. 형은 팀장의 책임감 때문인지 위에서의 압박 때문인지 많은 일을 감당했고 더 열심히 일했다.

회사에서 그해 과로로 3명이 사망했다. 팀장님을 포함한 2명은 잘 알고 지내던 동료였다. 수면 위로 드러나지 않았을 뿐이지 회사 안에 일하다 죽은 사람은 이 외에도 꽤 많을 거로 생각한다. 이 게임회사는 본사가 따로 있고 게임별로 자회

---

19 업무 마감 시한을 앞두고 수면, 위생, 기타 개인 생활을 희생하며 장시간 업무를 지속하는 것. 주로 게임 등 소프트웨어 개발 업계에서 관행적으로 이뤄져 왔다. [매일경제 용어사전]

사가 여럿 있는데, 본사 입장에서는 자회사의 과로죽음에 대해 산재 처리를 반드시 무마시켜야 했다. 과로사에 관한 기사에 언급되지 않으려 애쓰고 사건을 축소하는 데 급급한 모습이었다. 고인들이 지병 때문에 사망했다고 하려는 것 같았다.

4~5개월 동안 단 한 번도 거르지 않고 아침 10시에 출근해 새벽 1시~2시까지 일했고 주말에도 쉬지 않던 팀장님이 과로사하자 자회사의 중간관리자가 팀원들을 불러 모았다. 그리고 말도 안 되는 말을 했다. "○○ 팀장의 사망은 과로사가 아닙니다. 그는 일을 사랑한 사람이었습니다." 기가 막혔다. 팀장님이 책임감이 강했고 일을 좋아했던 사람이었음이 사실일지라도 그것으로 팀장님의 죽음이 과로사가 아니라는 걸 입증할 수는 없다. 회사는 팀장님의 죽음에 대해 반성하거나 또 다른 희생자가 나오지 않을 방법을 강구하지 않고 고인이 지병으로 사망한 것처럼 보이게 하려 했다.

관리자로부터 그런 말을 듣고 우리 팀원들은 그에게 등을 돌렸다. 자의든 타의든 나도 열심히 일하다 죽는다면 똑같이 말하겠지. 회사에 대한 신뢰가 깨졌고 더는 일에 집중할 수가 없었다. 사건 이후 그 관리자는 승진해서 새 팀장이 되었다. 크런치모드의 업무 패턴은 나아지기는커녕 더 심각해졌다.

사람이 마음이 아프면 몸도 아플 수 있다는 걸 처음 알았다. 힘들어도 회사에 도움을 요청할 수 없다는 걸 이미 알기에 점점 더 아팠고 나는 결국 퇴사했다.

2 ‖ 나도 저렇게 될까?

옆 병동의 과로자살 사건으로 고통을 겪은
간호사 조은희 씨

매일 입원과 퇴원이 반복되는 곳, 새로운 환자들이 계속 떠밀려오는 병동, 언제 어떻게 터질지 모르는 응급 상황, 과도한 요구를 하는 환자들….

　대학병원에서 일하는 내내 나는 인간 대접을 받지 못한다고 생각했다. 병원에서 일한다는 게, 사람을 살리는 일이라는 게 이토록 쉽지 않다고 생각하며 의료인의 소명의식을 가지고 버텼다. 그런데 사명감은 나 자신을 너무나 힘들게 했다. 사명감을 기대하고 강조하며 쏟아지는 무리한 요구가 내 정신과 육체를 망가뜨리고 있었다. 나만의 문제는 아니었나 보다. 내가 다니던 병원에서 1년 동안 신규 간호사의 40%가 퇴사했다. 퇴사 이유에 방광염이 심해져 기저귀를 차고 일하러 오는 자신이 너무 비참하다고 쓴 동료도 있었다.

간호사들은 출퇴근 시간이 정해져 있지 않다. 환자의 치료와 관련돼 있으니 퇴근 후에도 항상 휴대폰을 켜놔야 하고, 근무시간 외에 메시지에 답변하는 일이 일상적이다. 퇴근하기 전에는 인계장을 확인하고 혹시 빠뜨린 일이 없는지 확인하고 또 확인한다. 병동을 뛰어다니는 중에도 선배들은 늘 압박한다. "신환(새 환자) 또 왔어, 빨리 히스토리(간호정보조사지)하고 처치해. 야! 빨리빨리 못해?" 간호사 업무 특유의 혹독한 괴롭힘을 '태움'이라고 부른다. 환자들과 환자 보호자들의 짜증을 받아주는 것도 간호사들의 몫이다.

입사 후 열 달 동안 나 자신이 사라져 버렸으면 좋겠다고 생각했다. 출근할 때만 되면 가슴이 답답하고 숨을 잘 쉴 수 없었다. 다른 간호사들도 다 이렇게 일하니까 죽지 않을 만큼만 일하면서 돈을 벌자고 생각하며 하루하루를 견뎠다. 그러던 어느 날 다른 병동에서 일하던 간호사가 투신해 사망하는 사건이 일어났다. 같은 병동에서 일하던 이는 아니었지만, 소식을 듣고 머리를 얻어맞은 것처럼 멍해졌다. 온몸에 한기가 들면서 기운이 빠졌다. 전해 듣기로는 그 병동에서 일하던 간호사들은 곧바로 퇴사하거나 약물 치료를 받기도 했고, 우울증이 심해졌는데 휴직 허가가 나지 않아 그만둔 분도 있다고 했다. 충격이 꽤 오래갔다.

그의 과로자살 사건은 간호사들 사이에서나 사회적으로나 큰 이슈가 되었지만, 우리의 근무 환경은 바뀌지 않았다. 오히려 병원은 고인이 원래 우울증을 앓았고 업무와는 관련 없는 일이라는 식의 입장을 냈다. 사망 사건은 이미 지난 일이고 남은 사람들은 스스로 치유하고 버려야 하는 것 같았다. 언론의 관심도 끊기고 개인적 이유로 사망한 것으로 경찰 조사는 마무리되었다. 납득할 수가 없었다. 병원은 아무 책임이 없다고? 소름이 끼쳤다.

그렇게 한 달이 지나고 나는 똑같이 일했지만, 마음속 울분은 점점 차오르고 있었다. 이제 죽은 동료를 애도하는 마음 대신 나도 그렇게 될 것 같다는 생각에 사로잡혔다. 가장 슬펐던 건 같이 일하던 동료가 과로자살했는데도 아무렇지 않게 일해야 한다는 점이었다. 나는 결국 내 마음을 이겨내지 못하고 퇴사했다.

3 ‖ 회사의 책임에 대한 생각

동료의 과로사·과로자살 사건 이후 일터에 남겨진 동료들은 관계의 깊이 정도를 떠나 공통으로 커다란 타격을 입는다. 회사 분위기와 사회적 분위기에 따라 고통이 배가되기도 한다. 고인과 같은 업무 환경에서 극심한 스트레스를 받고 있었다면 심리적 타격은 더하다. 어쩌면 나도 그런 형태의 죽음을 똑같이 맞이할 수 있을지도 모른다는 생각으로 공포가 생기기도 하고, 특히 사건이 과로자살이라면 충격과 놀라움에 참담한 지경에 빠진다. 동료의 죽음을 막지 못했다는 죄책감은 물론 안타까움, 미안함 등으로 고통이 가중되며 회사를 향한 배신감과 좌절감도 커진다.

위의 두 사례에서 볼 수 있듯이 회사는 직장 내 스트레스와 과중한 업무를 알아서 조절하고 감내해야 한다고 본다. 이는 평가 대상인 직무능력이며 기업에서 충분히 비용을 지불하고 있으므로, 회사 안에서 직무와 관련한 사망 사건이 발생해도 책임이 없다는 것을 남겨진 동료들에게 지속해서 인식시킨다. 나아가 사망으로 발생한 결원을 보충하지 않고 부족한 인원이 정해진 업무를 수행하는 데 급급하게 만들어 동료들이 고인을 애도하거나 과로죽음에 관해 생각해볼 여유조차 없게 만든다. 이런 폭력적인 시스템 안에 남겨진 동료들은 신뢰를 잃고 자발적으로 퇴사하게 된다. 회사가 과로죽음 사건에 큰 책임을 느끼고 적극적으로 대처하지 않아 남은 동료들이 좌절한 것이 아니다. 그들이 한목소리로 말하는 것은 '최소한의 도리'다. 과로 때문에 황망하게 떠난 사람에 대한 진지한 애도나 다시 이런 일이 일어나지 않게 할 최소한의 노력조차 보이지 않았기 때문이다. 매일 얼굴을 마주 보며 함께 일한 동료가, 또는 같은 업종에서 비슷한 일을 한 사람이 나도 겪고 있는 근무 환경을 버티지 못하고 사망했다면 트라우마를 겪는 것이 당연하다. 더욱이 사건을 대하는 회사의 태도가 무책임하다면 불안은 더 극심해질 것이다. 이런 상황에 놓인 동료들에게 자기 자리에서 주어진 일에 최선을 다하라는 말은 잔혹한 일임에 틀림없다.

2.
남겨진 우리가 할 수 있는 것

동료가 죽은 곳에서 똑같은 패턴으로 일해야 하는 이들은 분노와 스트레스를 딛고 힘겹게 일터를 오가며 이겨내고자 노력한다. 동료의 과로죽음 사건으로 상처받은 사람들의 다양한 모습과 전하고 싶은 메시지를 우리가 인터뷰한 다음의 몇 가지 사례로 대신한다.

1 ‖ 바뀌지 않는다면 벗어나기

동료가 과로자살한 이후에도 어차피 회사는 바뀌지 않는다. 회사엔 노동조합도 있고 나도 조합원이었기에 과중한 근로환경에 대해 노조에 의견을 전달했지만, 관리자가 바뀌었을 뿐 실질적인 변화는 없었다. 여전히 업무량은 과했고 어느 순간 이런 상황을 당연시하는 나를 발견했다. 누가 더 힘든지

대결이라도 하듯 미친 듯이 일했다. 누구나 다 이 정도로 일해. 가족들에게 이렇게 말하면서도 놀라웠다. 나 혼자 문제를 제기한다고 해서 바뀌는 건 없겠지. 묵묵히 일하고 월급이나 받자고 생각했다. 사건 이후에도 똑같은 환경에서 과중한 노동이 계속되니 마음은 병들어갔다. 여기서 벗어나야 한다는 생각만 들었다. 마침내 나는 그곳에서 퇴사했다.

2 ‖ 나를 긍정적으로 관리하기

동료가 과로죽음으로 떠난 후 고민했다. 나는 과연 그런 죽음에서 멀지 않을까? 불현듯 내 생활을 돌봐야겠다는 생각이 들었다. 효율적으로 업무를 진행하려 노력하고, 퇴근 후에는 최대한 일 생각을 하지 않았다. 공연이나 전시회를 찾아 마음을 달래기도 했다. 물론 회사의 업무 환경은 동료가 죽었어도 변하지 않았다. 구조적인 변화가 불가능하다고 생각했고 그래서 더욱 내 열정을 업무에 쏟지 않으려고 했다. 일을 열심히 하지 않는 것이 아니라 일과 나를 분리하려는 노력이다. 여전히 쉽지 않지만, 나는 계속 노력하고 있다.

3 ‖ 서로를 위해 연대하기

직원이 과로사한 것에 회사는 아무런 잘못이 없고, 그가 너무 열심히 일한 열정적인 사람이었다고 강조하는 관리자의 태도에 무척 화가 났다. 게임이 좋아 입사했고 아무리 일을 좋아해도 휴식은 필요하다. 주말만이라도 쉴 수 있으면 좋겠다는 말에 게임회사 직원이라면 모두 공감할 것이다. 12시간 넘게 사무실에 갇혀 있는 사람에게 창의적인 아이디어를 내놓으라는 것도 어불성설이다. 위험한 작업 환경도 아니고 그야말로 책상 앞에 앉아 일하는 직업인데 일하다 죽었다는 건 실로 참담하다. 그런 극단에 도달하지 않도록 막아야 할 회사가 이를 방임한 결과다. 그러니 회사가 합당한 책임을 져야 한다. 그런데도 회사는 과로죽음한 동료를 일만 한 바보로 만들었다. 우리 팀원들은 연대해 업무 명령에 불복했고 관리자의 문제를 회사에 적극적으로 항의했다. 결국, 해당 관리자는 보직에서 사임했고 회사 대표가 과로사한 동료의 유가족에게 사과했다. 힘을 합쳐 회사의 잘못을 지적하는 것이야말로 황망하게 떠난 동료를 위해 우리가 할 수 있는 마지막 선물이라고 생각했다.

4‖ 우리는 변화할 수 있다

짧은 기간 간호사로 일하다 너무 힘들어 이직했다. 그러다 우연히 '서울대병원 간호사 첫 월급은 36만 원'이라는 보도를 보고 내가 일할 때 겪던 일이 의료 현장에서 아직도 반복되고 있음을 알았다. 특히 같은 업종에서 일하던 박선욱 간호사의 과로자살 소식에 깊은 회의감이 들었다. 박선욱 간호사는 과도한 업무량과 태움 문화 때문에 입사한 지 6개월 만인 2018년 2월 숨졌다. 박선욱 간호사의 죽음은 업무상 재해로 산재 승인을 받았고 법원도 최근 병원의 책임을 인정했다.

무능력하거나 적응을 못해서가 아니라 병원의 구조적 문제 때문에 아직도 많은 의료 인력이 희생당하고 있다. 문득 여러 생각이 마음에 불을 지폈다. 그때까지는 변화나 개선을 주장하는 활동에 참여해 본 적이 없었지만, 박선욱 간호사의 과로죽음 소식을 듣고 뭔가 해야겠다는 생각이 들었다. 3월 3일에 추모집회를 한다는 사실을 알고 용기 내 참여했다. 무작정 혼자 간 것이지만, '나도 너였다'는 마음의 다른 간호사들과 이야기도 하고 상황을 공유하면서 집회에 계속 나가게 되었다. '간호사연대'라는 단체 활동도 하고 '고 박선욱 간호사 사망사건 공동대책위원회'에도 참여했다. 간호사의 열악한 근무 환경에 관해 고민하면서 해외 사례도 공부하며 눈을 틔웠다. 국회에서 열린 토론회, 국제 간호사의 날 행사, '간호사 침묵을 깨다'라는 제목의 집회도 진행했다. 내가 이런 활동을 한다는 게 스스로 놀라울 따름이었다. 이후엔 의료연대본부에 들어가 의료 인력의 문제점을 소통하고 왜 이렇게 죽을 수밖에 없는지를 논의하며 근본적인 대안을 마련하고자 노력하고 있다.

박선욱 간호사의 과로죽음 사건으로 내 삶의 방향은 완전히 달라졌다. 나는 앞으로도 사람이 과로로 죽지 않는 환경을 만들기 위해 노력할 것이다. 과로죽음을 노동자의 탓으로 돌리는 현실, 소수만 건강권을 누리는 사회를 바꾸기 위해 일하는 사람이 마땅히 보장받아야 할 권리를 외칠 것이다.

—

남겨진 동료들은 함께 일했던 동료의 과로죽음 이후 생존자로서 극심한 고통을 내면화한다. 애도와 근무 환경의 변화를 허락하지 않는 시스템 때문에 더욱 그렇다. 그들은 다양한 방법으로 고통을 해소하고자 노력하는데 가장 대표적인 방식은 개인의 일과 삶을 돌아보는 것이다. 일하는 삶에 대한 기준을 다시 세우고 일과 휴식을 건강하게 재배열하고자 노력한다. 하지만 과로의 메커니즘이 쉽게 변하지 않는 일터에서 큰 좌절과 배신감을 느끼며 자발적 이직을 선택하기도 한다.

개인적 차원이 아닌 다른 이들과의 연대로 고통과 분노를 해소하려는 경향도 있다. 동료의 과로죽음을 회사에서 은폐하거나 명예훼손의 발언을 하자 혼자 상처받는 데서 벗어나 옆자리 동료와 함께 문제를 제기한 일이다. 동료의 과로죽음을 함께 애도하고 사건을 올바르게 처리하고자 노력하면서 죄책감 등의 고통을 더는 것이다. 회사 안에서의 연대를 넘어 사회적 연대를 도모한 사례도 있었다. 과로죽음을 양산하는 사회 구조를 비판하고 다른 사람들과 함께 직접 행동에 나섬으로써 변화를 강구했다.

어떤 방법이 바람직하다고는 말할 수 없다. 살펴본 사례들 외에도 다양한 방법이 있을 것이다. 하지만 분명한 것은 일터 안에서, 나아가 사회적으로 연대하는 것이 과로죽음의 반복을 막는 데에 더 큰 힘이 될 것이라는 점이다. 남겨진 동료들은 절대 혼자가 아니다.

제5장

세상에 하고 싶은 말

1
과로를 멈춰야 한다

가까운 사람을 과로사나 과로자살로 잃은 사람으로서 우리가 가장 먼저 하고 싶은 말은 '과로를 멈춰야 한다'는 것이다. 우리에게 일어난 가슴 아픈 일이 다른 사람들에게는 반복되지 않기를 바란다. 그래서 다시 떠올리고 싶지 않은 얘기를 꺼내 엮어냈다. 지금까지 주로 살펴본 내용은 과로사 혹은 과로자살이 발생한 뒤의 상황에 관한 것이었지만, 우리의 이야기가 널리 퍼져 한국사회에 과로사와 과로자살이 얼마나 많은지, 그리고 그것이 삶을 일찍 마감해야 했던 당사자뿐 아니라 남아 있는 사람들에게 얼마나 큰 고통인지 알리고 싶다. 우리 사회의 과로를 멈춰야 한다고 이야기하기 위해서다.

1 ‖ 장시간 노동은 이제 그만

가장 중요한 것은 역시 노동시간을 줄이는 것이다. 통계청 조사 결과에 따르면 2018년 기준 한국 임금노동자의 연간 노동시간은 1,967시간이었다. 2018년 7월 1일부터 주당 연장 근로시간이 12시간을 초과해서는 안 된다는 근로기준법 개정안 도입 이후 노동시간이 줄었지만, 여전히 OECD 다른 나라들에 비하면 장시간 노동하는 중이다. 우리나라 노동자들은 독일 노동자들보다 1년에 660시간 더 일한다. 주당 노동시간이 40시간이라면 1년에 16주를 더 일하는 셈이다. 과로사라는 말을 처음 사용한 일본에 비해서도 260시간 더 일한다. 1년이면 6.5주를 더 일하는 셈이다. 국제노동기구에서 하루 8시간, 주 48시간 노동제를 국제 노동기준으로 확립한 것이 일제 강점기인 1919년의 일이니, 우리의 장시간 노동은 너무 오래 지속되고 있다.

장시간 노동이 건강을 해친다는 것은 여러 연구로 이미 밝혀졌다. 우리 유가족들의 경험 자체도 증거다. 1주일에 40시간 넘게 일하면 심혈관질환, 뇌혈관질환, 정신질환이 생길 위험과 사망할 위험이 모두 커진다. 사랑하는 사람들은 그렇게 우리를 떠났다. 매주 60시간 넘게 일하다, 새벽부터 저녁까지 회사나 공장에 매여 있다가 어느 날 갑자기 쓰러진 가족이 많았다. 생사의 문제가 아니더라도 장시간 노동을 하면 고혈압이나 당뇨 발생 위험이 커지고 비만도 증가한다는 연구가 많다. 오래 일하면 스트레스 호르몬이 대량 분비되며 혈관과 심장을 긴장시키는 자율신경에도 이상이 생기기 때문이다. 스트레스 때문에, 잠을 쫓기 위해 담배를 더 피우거나 술을 마시기도 한다. 늦게까지 일하면서 야식을 먹고 저녁 식사 시간이 늦는 것도 모두 장시간 노동이 질병을 일으키는 경로다.

너무 오래 일하는 것은 정신건강에도 좋지 않다. 연구에 따르면, 주 평균 35~40시간 일하는 노동자에 비해 주 55시간 이상 일하는 노동자들에게서 우울과 불안 발생 위험이 50% 이상 높았다. 또 장시간 노동과 자살 생각 간의 관련성을 분석한 연구에서도 장시간 노동은 자살 생각의 발생 위험을 높이는 것으로 나타났다.

2‖ 야간 노동은 최소한으로

너무 오래 일하는 것만 문제가 아니다. 과로는 얼마나 오래 일하는지와 함께 언제 일하는지, 어떻게 일하는지를 모두 살펴야 한다. 노동시간의 길이, 배치, 밀도의 문제다. 한국보건사회연구원의 2019년 발표에 따르면, 우리나라 20~69세 전체 인구 중 주당 60시간 이상의 장시간 노동을 하는 노동자의 비율은 남성 14%, 여성 5.1%로 나타났으며, 교대근무를 하는 노동자의 비율은 남성 14.4%, 여성 11.6%라고 한다. 장시간 노동이 노동시간의 길이를 따지는 것이라면, 늘어가는 야간 노동과 교대근무는 노동시간 배치의 문제다.

국제노동기구는 야간 노동을 '비표준적인 노동시간'으로 본다. 똑같은 시간 일하더라도 밤에 일하면 신체적, 정신적으로 노동자에게 더 부담되기 때문이다. 야간에 일하면 생체 시계가 교란되어 수면의 질이 낮아지고 호르몬 분비 등 생체 리듬이 깨진다. 잠을 제대로 못 자 인지기능이 저하되고, 집중력이 떨어진다. 기분에도 영향을 미쳐 불안이나 우울도 증가한다. 체중이 늘고 대사증후군, 뇌심혈관질환 위험도 커진다. 최근에는 유방암, 대장암, 전립선암 등 호르몬과 관련이 높은 암 발생 위험도 커지는 것으로 알려졌다.

우리 모임에도 택시 운전을 하며 사납금을 채우기 위해 주로 새벽과 밤에 일하다 세상을 떠난 사례가 있다. 일할 사

람이 모자라 잦은 야간 당직 근무를 하다 당직실에서 깨어
나지 못한 일도 있었다. 노동자의 건강을 보호하고 삶의 질
을 향상시키기 위해 야간근무를 포함한 교대근무는 불가피
한 영역으로 최소화해야 한다. 그리고 건강한 업무 형태를
설계하기 위한 사회적 논의를 시작해야 한다.

3 ‖ 죽음으로 내모는 기업 문화 바꾸기

노동 밀도는 일할 때 스트레스를 얼마나 받는지, 신체적 에
너지를 얼마나 많이 사용하는지의 문제다. 노동의 성격, 직
장 내 관계의 특성, 업무 내용 등이 모두 문제가 될 수 있다.
특히 과로자살은 장시간 노동이나 야간 노동과 같은 노동시
간의 길이나 업무 배치와 관련된 문제와 함께, 대부분 사례
에서 당사자들이 죽음을 선택할 수밖에 없도록 밀어붙인 압
력이 있었다. 사장이나 상급자가 아랫사람에게 모멸감을 주
며 다그치거나 인격을 모독하며 집요하게 괴롭히는 행태가
대표적이다. 회사가 급격히 성장하며 불안정한 체계에서 업
무 지시가 이루어지는 바람에 고생스럽게 한 일이 물거품이
되거나 원하지 않는 지역으로의 갑작스러운 전보, 전혀 새

로운 분야로 배치돼 큰 스트레스를 받은 사례도 있었다. 회사의 구조조정이나 큰 경제적 손실을 앞두고는 책임을 일부에 뒤집어씌워 불안감이 극에 달했던 일도 있었고, 매시간 매겨지는 성과 평가에 따른 압박감, 또는 평가 점수에 따른 비인간적인 대우 때문에 극단적인 선택을 하기도 했다. 이 사례들은 유가족모임에서 나눈, 고인들이 실제로 경험했던 일이다.

각자의 가족이 당한 이런 사건들을 모임에서 이야기하며 처음에 우리는 이런 일들을 도저히 이해할 수 없어 마음 아파했다. 하지만 곧 이런 상황이 아주 특별한 것만은 아니라는 것을 알게 되었다. 한국사회 전체가 비용 절감과 효율성 제고, 성과주의를 내세우고 기업은 노동자를 이윤을 얻기 위한 부품으로만 여기니 우리 모임 안에서만도 이렇게 끔찍한 일이 많다. 기업들의 이런 태도가 변하지 않는다면 과로 때문에, 일터 스트레스 때문에 목숨을 잃는 사람은 줄어들지 않을 것이다.

4 ‖ 정부가 나서서 과로를 멈춰라

장시간 노동, 야간 노동, 노동자를 부품으로 여기는 기업 문화가 노동자들에게 과로를 강요하고 있는데 정부의 대처는 굼뜨기만 하다. 장시간 노동과 과로가 노동자의 신체적, 정신적 건강에 미치는 악영향이 많은 연구로 이미 잘 알려져 있고, 한국에서 과로로 인해 발생하는 연간 질병 부담이 최대 7조 원에 달한다는 분석도 있다. 막대한 사회적 비용을 초래하며 노동자를 죽음으로 내모는 장시간 노동과 과로는 이제 그만 멈춰야 한다. 이를 위해서는 과로를 막기 위한 정부의 책임 있는 자세가 필요하다.

근로기준법에 정한 노동시간 규제가 제대로 지켜지도록 관리 감독하는 것은 기본이다. 주 12시간으로 연장근로를 제한해놓고 계도기간을 계속 늘려 단속하지 않는 것은 사실상 안 지켜도 된다는 신호를 기업들에 보내는 것이나 마찬가지다. 탄력근로제나 재량근로제라는 이름으로 노동시간 제한이 무력화되는 현실을 막기 위해 이런 제도는 훨씬 엄격하게 적용되도록 해야 한다. 농축산업 노동자, 경비 노동자, 5인 미만 사업장 노동자 등 노동시간 규제를 받지 않는 사각지대도 지속해서 좁혀나가야 한다.

야간 노동도 지금보다 더 규제하기를 바란다. 야간 노동을 시키려면 낮에 일했을 때보다 충분한 휴식을 취할 수 있도록 노동관계법상 근로시간이나 휴식 관련 규정을 정비해야 한다. 현재의 근로기준법에는 밤에 일하면 임금을 가산하는 것 외에 야간 노동과 관련된 규제가 없다. 유럽 나라들의 경우 야간 노동을 포함한 교대근무 시 절대 하루 8시간을 넘기지 못 하도록 하거나, 교대근무를 하는 노동자의 주당 노동시간 기준을 낮에 일하는 노동자보다 짧게 정하기도 한다. 사회적으로 꼭 필요한 야간 노동이라면, 이를 담당하는 노동자의 신체적, 정신적, 사회적 피해가 최소화되도록 해야 한다.

과로사든 과로자살이든 과로죽음이 발생하면 정부는 이 안타까운 사건에서 교훈을 얻을 수 있도록 움직여야 한다. 해당 사업체는 물론이고 같은 방식으로 일하거나 비슷한 기업 문화를 공유하는 관련 업계를 감독해야 한다. 제재나 처벌이 필요한 경우엔 즉시 시행하고 노동자가 소모되는 관행이 없어지도록 지속해서 지도 감독도 해야 한다.

정부는 아직도 과로죽음이 개별 노동자의 안타까운 사연, 산재 보상의 문제, 기업과 노동자가 원인을 다퉈야 할 문제라고 생각하는 것 같다. 정부 기관은 기업의 위법 행위 적발에 소극적이며 적발하더라도 솜방망이 수준의 처벌에 그치고 있다. 하지만 과로죽음은 한창 열심히 일하던 노동자의 죽음이고, 남아 있는 많은 사람에게 깊은 상실감과 사회에 대한 분노를 심어주는 사건이다. 사회적으로도 커다란 손실이다. 정부가 과로죽음의 원인부터 찾아 해결에 나설 차례다.

5 ‖ 노동자에게 힘이 필요하다

지금까지 말한 과로 방지대책을 현실화하기 위해선 노동자들에게 힘이 있어야 한다. 무엇보다 노동자 자신이 법적으로 보장된 권리를 잘 알고 있어야 한다. 그래야 회사에서 부당한 대우나 요구가 있을 때, 과도한 노동을 요구받을 때, 인간다운 대접을 받지 못할 때 그것이 잘못임을 알고 적절히 대처할 수 있다. 가족의 황망한 죽음이 과로죽음이라는 것을 뒤늦게 알게 된 다음, 많은 유가족이 이렇게 장시간 일하는 것이 노동법 위반이라는 걸 왜 몰랐을까, 왜 우리는 이렇게 많은 사람이 과로로 죽어간다는 사실을 그동안 몰랐을까 하고 탄식한다.

아는 것이 시작이다. 현재 한국의 정규 교육과정에는 노동법이나 노동자의 법적인 권리를 가르치는 교육과정이 없거나, 있더라도 형식적인 수준에 그친다. 일본은 2014년 제정된 과로사방지법에 정부가 과로사(과로자살 포함)의 위험성을 교육하고 예방할 의무를 규정했다. 이에 따라 일본의 과로사 유가족들은 학교나 단체에 나가 학생과 일반인을 상대로 교육을 진행한다. 실제 경험담에 근거해 과로사를 야기하는 직장 내 문제점을 알리고 그런 상황에 부닥쳤을 때자신을 보호하기 위해 어떻게 대처해야 하는지 등을 다룬다. 이런 교육을 통해 노동자는 회사의 부당한 지시를 거부할 정당한 권리가 있고 '죽을 만큼 힘들면 회사를 그만둬도괜찮다'라는 메시지를 전달하고자 노력하고 있다. 과로죽음문제를 누구보다 잘 알고 개선 의지가 강한 유가족이 현장에서 직접 이야기하는 것은 효과적인 예방 교육이 될 수 있다. 궁극적으로는 누구나 자신의 권리를 잘 알 수 있도록 정규 교육과정에 기본적인 노동권 교육이 포함되어야 한다.

이런 일반적인 알 권리 외에 노동자들이 장시간 노동이나 성과 압박, 일터 괴롭힘 등에 맞서 회사나 사업주와 싸우고 협상하기 위해서는 노동자들이 함께 목소리를 낼 필요가 있다. 노동자들의 건강은 본인이 일하는 직장의 노동환경과 체계에 영향을 많이 받지만, 개별 노동자가 이 환경을 바꾸기는 쉽지 않다. 그래서 필요한 것이 노동자들의 조직이다. 하지만 한국사회에서는 이것도 쉬운 일이 아니다. 최근 많이 늘었다고 해도 아직도 노동조합 조직률은 대략 12% 정도에 머물 뿐이다. 한국에서 과로죽음이 많은 것은 노동조합과 같은 조직을 통해 집단으로 풀어야 할 문제를 고립된 개인이 끌어안고 있기 때문이 아닐까. 이미 조직되어 있는 노동조합과 노동단체들이 노동자의 과로를 둘러싼 상황에 좀 더 관심을 두고 지지하는 일도 필요하고, 과로 문제에 부딪힌 노동자들이 홀로 괴로워하지 않고 이 문제를 집단으로 해결하도록 지원할 여러 방안도 고민돼야 할 것이다. 우리 모임과 이 책 역시 과로죽음에 부딪힌 가족들과 동료들이 모여 함께 대응할 수 있는 계기가 되길 바란다.

2
남겨진 사람들에게 필요한 것

과로죽음 이후 남겨진 사람들이 가장 원하는 것은 떠난 사람을 다시 만져보는 것, 그 사람을 다시 한번 만나는 것이다. 절대로 이루어질 수 없는 바람이 가장 절실하지만, 사랑하는 사람들이 떠난 후 하루하루를 다시 제대로 살아가기 위해 꼭 필요한 지원들도 있다.

1 ∥ 긴급한 경제적 지원

가까운 가족을 과로죽음으로 갑작스럽게 떠나보낸 뒤 남은 가족들은 하루아침에 삶의 기반이 송두리째 흔들리는 경험을 한다. 과로죽음의 당사자는 누구나 일을 하던 사람이기 때문에, 그와 생계를 함께했던 사람들은 대부분 경제적 부담을 떠안게 된다. 당장의 생계비를 걱정해야 할 수도 있다. 늘 곁에서 일상을 함께 하던 가족의 부재로 고통스러운 와중에 경제적 어려움마저 겪는 것은 과로죽음 유가족들을 매우 위축시킨다. 경제적 곤란이 심각해 죽음의 원인을 밝히고 산재를 신청하는 등의 행동조차 어려운 경우도 있다. 고인의 죽음이 업무상 재해로 인정되면 산재보험급여와 같은 경제적 지원이 이뤄지지만, 그에 이르기까지 몇 개월에서 몇 년이 걸린다. 이 때문에 업무상 재해로 인정받기 위한 노력을 포기하기도 한다. 경제적 압박 때문에 충분한 애도 기간을 갖지 못하고 아픔을 묻은 채 일상생활로 돌아가 심리적으로 힘들어하는 유가족들도 있다. 그러나 이처럼 절실한 순간에 유가족에 대한 지원은 전무하다시피 하다. 과로죽음 직후의 일정 기간에 유가족이 몸과 마음을 추스르고 이후 계획을 세울 수 있도록 긴급한 지원이 절실하다.

2‖ 심리적 지원

과로죽음으로 인정받고 받을 수 있는 산재 보상은 경제적인 부분이다. 가까웠던 가족의 비극적인 죽음으로 인한 심리적 고통은 단순히 경제적인 문제가 해결된다고 해서 나아지는 것이 아니기 때문에 이에 대한 지원도 필요하다. 과로죽음 이후 대부분의 유가족은 큰 충격으로 인한 정신적 트라우마를 겪으며 극도의 슬픔, 분노, 불안, 우울 등의 감정에 빠지게 된다. 가족의 죽음으로 인한 고통은 남은 일생 지속되며 이전의 상태로 되돌아가는 것은 불가능하다. 그러나 남겨진 사람들에게도 남은 삶을 살아갈 권리가 있다. 유가족들의 마음의 상처를 치유하고 재활을 돕는 심리적인 지원이 필요하다.

경제적 지원이나 심리적 지원은 사실 과로죽음 유가족에게만 긴요한 것은 아니다. 이유를 막론하고 생산적인 사회 활동을 하던 사람의 갑작스러운 죽음은 남겨진 사람들에게 경제적, 심리적 타격을 준다. 그러니 이런 죽음 뒤에 남은 사람은 누구나 필요한 지원이라고 할 수 있다. 과로죽음이 사후적으로 판단되기 때문에 이런 즉각적인 지원을 과로죽음 여부에 따라 제공할 수도 없는 노릇이다. 그러니 꼭 과로죽음이 아니더라도 일하다 죽은 사람이 있다면 남은 이들에 대한 사회적 보장이나 심리 지원 등에 보편적인 접근이 필요하다고 하겠다.

3 ‖ 과로죽음 입증 책임의 완화

과로죽음을 사회적으로 인정받기 위한 과정은 유가족들에게 큰 도전이다. 지금의 제도에서 과로죽음을 입증할 책임이 재해자, 즉 유가족에게 있기 때문이다. 그래서 유가족은 가족의 죽음으로 인한 고통과 가족의 죽음의 원인을 직접 밝혀야 하는 또 다른 고통을 함께 짊어지게 된다. 하지만 재해자가 사망한 이후에 남겨진 가족들이 객관적인 증거 자료를 찾아 피해 사실을 입증하기란 매우 어렵다. 제도에 관해 누가 따로 알려주는 것도 아니니 시작부터 알아서 해야 한다. 산재 보상을 신청하고 본격적인 입증 과정에 들어가도 어려움투성이다. 자세히 몰랐던 고인의 직장과 업무 관련 기록을 뒤져야 하고, 떠올리고 싶지 않은 상황을 곱씹어 생각해야 한다. 이때 회사는 흔히 과로죽음 사실을 은폐하려 비협조적인 태도로 일관하고, 보상을 맡은 근로복지공단 등의 기관 역시 문제 해결에 소극적인 경우가 대부분이다. 따라서 유가족 개인의 힘으로 고인의 과로죽음을 입증하는 과정 전체는 대부분 유가족에게 막막하고 어렵고 고생스러웠던 일로 기억된다. 떠난 이의 죽음을 성찰하는 과정은 필요할 수 있지만, 보상될지 안 될지 기약도 없이 아무런 정보가 없는 상황을 유가족이 자신만의 힘으로 헤쳐나가야 한다는 것은 지나치게 가혹하다.

산재 입증 책임과 관련해 다른 나라들은 담당의사의 판단만으로 산재 혜택을 주거나, 재해 증명의 책임을 재해자에게 두더라도 산재보험 관리 기관이 조사를 직접 맡아 재해자의 증명에 대한 책임을 완화하는 방안을 채택하기도 한다. 고용보험과 건강보험과의 관계, 그 사회의 전반적인 사회보장 수준 등에 따라 다를 수 있다. 하지만 전반적으로 산업재해 노동자 당사자에게 입증 책임이 과도하게 지워지는 한국에서, 특히 과로죽음 유가족이 져야 하는 업무상 질병 입증 책임의 무게는 매우 무겁다. 업무상 질병의 인정률이 증가하고 있다고 해도 2018년 뇌심혈관계 질병 승인율은 41.3%에 불과했다. 자살에 대한 산재 승인율은 상당히 높아졌다고 하지만, 이것은 유가족의 노력으로 자료를 충분히 모았고 죽음까지의 과정을 자세히 증명할 수 있는 경우에만 신청했기 때문이다. 일과 관련된 노동자의 자살이 연간 500건 정도로 추정되는데도 산재 신청 건수는 연간 100건에 못 미치는 점만 봐도 알 수 있다.

현재 유가족에게 과도하게 지워진 입증 책임 부담을 근로복지공단의 조사 권한과 역량 확대의 방식으로 완화할 수는 없을까? 기관에서 조사하는 만큼 과로죽음 사건에서 회사가 필요한 자료를 꼭 제출해야 하는 법적 의무를 부과한다면, 과로죽음 여부 판단이 훨씬 쉬워질 것이다.

4‖ 근로복지공단과 업무상질병판정위원회 절차의 배려

근로복지공단과 업무상질병판정위원회에서 과로죽음 유가족의 상태와 특성을 조금 더 이해하여 조사와 판정을 진행한다면 유가족에게 큰 힘이 될 것이다. 가족 중 누군가를 잃었다는 참담함은 사고 사망 유가족이나 과로죽음 유가족이나 마찬가지다. 하지만 과로죽음 유가족은 죽음의 원인을 밝히려는 노력으로 근로복지공단이나 업무상질병판정위원회를 찾은 것이다. 입증에 필요한 자료를 모으고 죽음의 원인을 재구성해 산재를 신청하는 과정은 정도의 차이는 있어도 모두에게 투쟁의 과정이었다. 그런데 근로복지공단의 재해 조사나 업무상질병판정위원회의 판정 과정에서 과로죽음 유가족의 이런 상태를 전혀 이해하지 못하는 직원들의 태도 때문에 승인 여부와 관계없이 유가족이 불필요한 상처를 받는 일이 많다.

　근로복지공단 직원들도 민원에 시달리고 과로에 노출되는 노동자다. 공단 직원 교육 과정에 과로에 대한 이해, 과로죽음에 대한 이해, 과로죽음 유가족 상담 등이 포함된다면 민원인의 상황을 이해할 수 있고 노동자 자신의 건강에도 긍정적인 효과가 있을 것이다. 또한, 현재의 업무상질병판정위원회 판정 구조에 과로죽음 유가족들이 직접 참여할 수 있다면 어떨까? 업무상질병판정위원회에 직접 출석해 진술했던 유가족들은 산재 보상 결정 권한을 쥔 판정위원들 앞에서 기죽을 수밖에 없던 경험을 털어놓았다. 처음 방문한 기관, 권위적인 자리 배치, 낯모르는 전문가들 모두 유가족이 위압감을 느끼는 요소다. 위원회에 과로사 혹은 과로자살 유가족, 최소한 산재 노동자 가족이 한 명쯤 참여하는 구성을 제안해본다. 산재 노동자 가족 중 일정한 자격이 있는 사람이 질병판정위원으로 참여해 유가족의 마음과 처지에 좀 더 공감하면서 산재 여부를 판단할 수 있는 구조도 꿈꿔본다.

5 ‖ 과로죽음에 대한 경찰의 인식 개선

과로죽음 직후 유가족이 가장 먼저 마주하는 공공기관은 바로 경찰이다. 그러나 현재 경찰은 과로죽음에 대한 이해나 이런 억울한 죽음의 유가족을 대하는 감수성이 매우 부족한 것 같다. 모임에 참여하는 유가족 중 경찰의 무신경한 태도로 인해 큰 상처를 받은 사례가 있다. 유가족이 경찰 조사 과정에서 또 다른 피해를 보았다고 느끼는 것은 끔찍한 일이다. 유가족들이 경찰과 같은 공공기관으로부터 상처를 받을 때 손상되는 것은 단순한 감정의 문제가 아니다. 국가, 사회에 대한 신뢰가 무너지는 것이기도 하다. 어제까지도 직원으로 일하던 사람의 죽음에 냉담한 회사와 마찬가지로 열심히 일하다 죽은 사람에 대한 존중이 없는 정부기관은 사회와 제도에 대한 신뢰를 상실하게 한다.

경찰은 유가족과 고인을 좀 더 존중하는 태도로 대함으로써 비통한 유가족의 마음을 위로할 수 있다. 유가족의 회복은 심리적 치유뿐 아니라 원래의 사회적 자리로 돌아오는 것도 포함한다. 사회에 대한 신뢰 상실은 이를 더디게 한다. 성폭력이나 가정폭력 피해자에 대한 조사 매뉴얼이 나오는 등 수사 방식의 변화가 이루어진 것처럼 과로죽음에 대한 수사기관의 적절한 대처는 유가족의 치유를 돕고 사회 구성원의 역할을 다하게 할 것이다.

자살의 경우 현재 경찰 조사 과정에서의 원인과 직업 분류가 통계청의 것과 맞지 않고 체계적이지 않다. 이 때문에 일로 인한 자살의 실제 면모를 파악하는 데 제한이 많다. 조사에 따른 분류를 정비하고 자살의 직접적인 원인뿐 아니라 간접적인 원인까지 담을 수 있도록 개정해야 한다는 목소리가 나온 지 오래되었다. 이런 조사 형식의 변화와 과로죽음에 관한 경찰 교육도 필요하다. 특히 경찰이 산업재해로서의 과로죽음에 관해 기본적인 지식을 갖추고 유가족에게 이후 필요한 절차를 간단하게라도 이야기하며 기관과 연계해 주거나, 최소한 과로죽음이 의심된다면 산재 승인을 신청할 수 있다고만 안내해도 유가족에게 도움이 될 것이다.

제6장

다시, 앞으로 나아가기

1
살아남아 잘 끝맺는 법

안부를 물었을 때 유가족들이 말했다. "음식을 먹어도 맛을 모르겠어요. 먹고 싶지도 않아요. 같이 먹어줄 사람이 없거든요.", "봄이 오고 꽃이 피는 게 무슨 의미가 있나요. 그 사람이 제 옆에 없는데."

사랑했던 가족, 가까운 이의 과로죽음으로 일상은 균형을 잃고 남겨진 이들은 삶의 목적까지 잃어버린다. 가족을 지키지 못했다는 죄책감에서 헤어나오기 힘들다. 특히 산업재해 승인 절차를 준비하느라 내내 애쓰며 자기 삶을 잃은 채 시간을 보냈고 그 와중에도 자녀 등 남겨진 다른 이도 돌봐왔기 때문에 소진된 심신의 회복이 쉽지 않다. 고인의 과로죽음이 업무상 재해로 밝혀져도 또 다른 고통이 있다. 유족연금을 받는 날이면 미안함과 그리움에 잠을 이루지 못하기도 한다. 산재가 불승인된다면 고인의 명예를 회복하지 못했다는 죄책감과 사회에 대한 엄청난 분노, 허망함을 삭여야 한다. 산재 신청 과정에서 겪은 다양한 상처, 즉 가해사실을 은폐하고 고인과 유가족에게 책임을 전가하는 회사, 피해 사실을 규명하는 데 소극적인 공공기관, 부당함을 문제 삼지 않는 사회 분위기는 거대한 벽 앞에서 좌절한 경험으로 유가족의 마음에 오래 남는다. 그래도 우리는 과로죽음의 생존자로서 주저앉아 있을 수만은 없기에 지친 몸을 일으켜 세워 지금 이 시간도 버티고 있다.

과로죽음은 일종의 사회적 죽음이므로 고인을 진정으로 애도하며 떠나보내기 위해서라도 올바른 사회적 끝맺음이 필요하다. 다음의 이야기에서 과로죽음을 맞닥뜨린 후 남겨진 사람들이 경험한 일상과 삶의 노력을 공유하고자 한다.

1 ‖ 나를 일상에 매어두었다

유가족 서주연:
인터넷 강의업체에서 웹디자이너로 일하던 여동
생(30대 중반)이 불규칙한 장시간 노동 및 과로, 직
장 내 괴롭힘으로 우울증이 악화되어 과로자살.

동생이 죽은 그날부터 잠을 잘 수 없었다. 물 한 모금, 밥 한
숟가락도 넘기기 힘들어 아무것도 먹지 못했다. 그렇게 6일
을 보내고 났더니 몸과 마음이 모두 무기력해졌다. 결국, 탈
진해 병원에서 치료를 받았다. 당시 빈사 상태의 나를 그나마
움직이게 한 힘은 분노였다. 회사에 대한 분노, 동생을 괴롭
혔던 가해자에 대한 분노, 사회와 공공기관에 대한 분노, 그
리고 동생을 지키지 못한 나에 대한 분노. 또 다른 감정은 압
도적인 슬픔이었다. 슬픔이 너무 깊고 무거워 다른 모든 감정
은 그 안에서 질식해버린 것 같은 느낌이었다. 신체적으로도
이상이 생겼다. 마치 몸이 물속에 잠긴 것처럼 모든 외부의
소리가 귓가에 둔탁하게 윙윙거렸다. 아침에 눈을 뜨면 동생
이 내 곁에 없다는 사실이 가장 먼저 떠올라 왈칵 눈물이 쏟
아졌다. 아무렇지 않다가도 갑작스럽게 눈물이 쏟아지곤 했

다. 길을 걸으면서도 지하철 안에서도 나는 늘 울고 있었다.

　나는 쉬는 날 집에 있는 걸 좋아했다. 집은 항상 편하게 쉴 수 있는 공간이었다. 하지만 동생이 없는 집은 조용한 지옥과도 같았다. 불 꺼진 동생의 방에서 숨죽여 흐느끼는 부모님, 신발장에 놓인 주인 잃은 신발들과 옷장에 가득한 동생의 옷가지들. 집안 곳곳에 밴 동생과의 추억이 나를 힘들게 했다. 회사에 다니며 대책위 활동을 병행하느라 집에 돌아오면 손가락 하나 까딱할 힘도 없을 정도로 녹초가 되었지만, 평일 휴일 가리지 않고 가능하면 일이나 약속을 핑계로 집을 벗어나려 애썼다. 집에 있는 시간은 너무나 고통스러웠다.

　온통 동생의 일에만 매달려 몸과 마음을 돌아보고 챙길 여유는 없었다. 내 건강은 중요하지 않았다. 그런 나를 염려한 대책위 관계자가 억지로 심리상담 치료를 예약해주어 주 1회 심리상담을 시작했다. 치료에 대한 큰 기대는 없었지만, 상담사가 내 말을 억지로 끌어내려 하지 않아 좋았다. 상담 과정에서 우는 횟수가 점차 줄었다. 더디지만, 천천히 감정을 제어할 수 있게끔 상태가 나아졌다. 먹고 자는 일이 그나마 정상 수준으로 돌아오기까지 6개월이 넘는 시간이 필요했다.

　이제 와 생각하면 그때 회사를 쉬지 않고 계속 다녔던 것이

"이 그림 제목은 '2015년 봄날의 산책'이에요. 동생과 함께 산책하며 봤던 풍경이고요. 오랜만에 가봤더니 풍경은 여전한데 동생은 이제 제 곁에 없네요."

　　　　　　　－ 심리 치유 프로그램에서 서주연 씨가 그린 그림

도움이 되었다. 24시간 온통 동생의 일에만 매달려있지 않도록 회사는 나를 일상에 매어두었다. 물론 몸은 힘들었지만, 일하는 동안엔 슬픔, 분노, 우울한 감정에 한없이 매몰되지 않을 수 있었다.

2‖ 죽을 때 죽더라도

유가족 장민주:
회계세무 전문직으로 근무하던 남편이
장시간 노동으로 과로사.

산재 준비에 몰두하다

여느 날과 같이 아이와 웃으며 "잘 다녀오세요"라는 인사말로 남편을 마중했는데 느닷없이 "남편이 사망하셨습니다"라는 전화를 받게 되었다. 남편의 마지막 모습을 확인하고 경황없이 경찰서, 부검실을 다니다가 반쯤 정신을 차리고 보니 나는 장례식장에 앉아 있었다. 이제 막 5살이 된 아이는 조문객들 틈에서 뛰어놀고 사람들은 그 모습이 불쌍하다며 혀를 찼다. 시신을 염하고 화장하면서 슬픔이 극에 달하자 남편을 따라 죽어야겠다고 생각했다. 그러나 장례를 마치고 부의금을 정산하며 현실에 부딪히자 정신을 차리게 됐다. 죽을 때 죽더라도 산업재해로 인정받아 어린 자식 살길을 열어두자는 생각에 산재 신청 준비를 시작했다.

산재 신청을 준비하며 매 순간이 불안하고 두려웠다. 다행히도 회사는 산재 신청에 협조해주었지만, 전적으로 믿을 순 없어 노무사를 선임했다. 노무사가 남편의 일만 맡은 것은 아니니 일 처리 속도는 내 맘 같지 않았다. 결국, 내가 나서서 산재 신청을 주도했는데 그제야 생각보다 진행이 더디고 승인이 쉽지 않다는 걸 알게 됐다. 만약 산재로 인정받지 못하면 이 억울함은 어디에 이야기해야 할까? 아들과 나는 어떻게 먹고살아야 하나? 힘겨운 심정을 하소연할 데가 없어 늘 가슴이 답답했다. 그리고 내가 괜히 퇴직하는 바람에 남편이 홀로 생계를 책임졌다는 죄책감에 시달렸다. 자책과 괴로움에 통곡하는 일이 늘었다.

하지만 계속 슬픔에 갇혀 울고 있을 수만은 없었다. 얼른 마음을 추스르고 산재 승인이 안 될 것에 대비해야 했다. 그래서 현실을 빨리 인정하고 받아들이려 애썼다. 늘 내 표정을 살피고 더 아파하는 부모님이 계셨고, 나만 바라보는 어린 아들이 있기 때문이었다. 남편의 사고 이후 친정에서 더부살이 하며 아이가 유치원에 있는 시간은 도시락을 싸 들고 나가 도서관에서 보냈다. 자격증을 취득하기 위해 공부하거나 책을 읽고 구직 활동도 했다. 그리고 근무시간과 업무 내용 등 산재 관련 자료를 수집 정리하고 관계자를 찾아 조언도 구하며 산재 준비에 몰두해 시간을 보낼 수 있었다. 그러다가도 남편 직장 동료들이 회사 눈치를 보며 인터뷰를 거절하거나 아이가 아플 때, 구직 면접에서 떨어질 때처럼 문제가 생기면 애써 붙잡고 있던 정신이 무너져내렸다. 그럴 땐 가까운 바닷가로 나가 울고 소리치며 마음을 달랬다. 가족과 친구에게도 말할 수 없는 힘든 감정을 이야기하고 싶어 포털사이트를 검색해 배우자와 사별한 사람들의 커뮤니티에 가입했다. 그곳에서 그나마 공감대를 찾고 아픔을 토닥이며 조금씩 치유할 수 있었다.

불안하고 초조한 마음으로 산재 신청서를 접수하고 얼마 뒤 승인 소식을 들었다. 기쁨과 안도감에 눈물이 흘렀다. 남편의 억울한 죽음과 힘겨웠던 시간을 어느 정도 보상받는 기분이었다.

하지만 먹고사는 문제가 어느 정도 해결되고 그동안 몰두하던 일이 사라지니 마음의 병이 찾아왔다. 무기력함과 우울감, 사소한 일에도 화를 내는 일이 반복됐다. 산재를 준비하며 힘들게 보낸 시간을 보상이라도 받으려는 듯 쓸데없는 소비가 늘기도 했다. 그리고 그리움보다 외로움이 커졌다. 뭐든 공유하고 의논하던 상대가 사라지니 마음은 늘 공허하고 중심을 잡지 못했다. 그래서 작은 문제에도 크게 흔들리고 쉽게 수렁에 빠졌다. 이런 상태에서 가족이나 친구에게도 고마움이 아닌 불만과 서운함이 생겨 좋은 관계를 유지하기 힘들었다. 결국, 온전한 내 편을 잃었다는 상실감에 자존감은 떨어지고 세상으로 나갈 동력도 잃었다. 그래서 우선 나 자신에게 집중하기로 했다. 운동을 시작하고 정기적으로 건강 검진을 받으며 활력을 찾으려고 노력했다. 그리고 다시 자격증 공부를 하며 성취감도 얻고 사회에 복귀할 준비를 하고 있다.

아빠는 하늘나라 갔어

네 번째 생일을 보름 앞둔 일요일, 아이는 아침 일찍 출장을 떠나는 아빠를 배꼽 손 인사로 배웅했다. 그것이 아이가 본 마지막 아빠의 모습이었다. 어른들은 아이에게 '아빠가 외국에 돈 벌러 갔다'고 얘기하라고 했다. 하지만 헛된 기대를 하며 아빠를 기다리게 하고 싶지 않아 사실대로 말해주었다. 죽음을 알기엔 너무 어렸으니 잘 지내는 듯했다. 허무하게 떠난 남편 생각에 말없이 눈물 흘릴 때, 아이는 오히려 "아빠 보고 싶어서 그래?"하며 눈물을 닦아주고 위로했다. 아빠가 하늘나라에 있고 늘 우리를 지켜본다고 했더니 아이는 천진난만하게 말했다. "아빠는 어떻게 하늘나라 갔을까? 비행기 타고 갔을까?" 그리고 불행인지 다행인지 아이는 아빠에 대한 기억을 빨리 잊었다. 가끔 아무한테나 "우리 아빠 없어요. 하늘나라에 있어요"라고 말해서 당황하기도 했다. 이때 나는 산재 준비에 몰두하던 중이라 아이에게 온전히 집중하지 못했다. 그리고 남들 시선이 두려워서, 혹시 남편에 관해 물어볼까 봐 아이와 놀이터에도 나가지 않고 사람들을 피해 다녔다. 예전처럼 다정하게 동화책을 읽어주지 못했고, 아이의 작은 실수에 화를 내기도 했다. 앞으로 어떻게 생활할지 너무 불안했기에 아이가 원하는 장난감 하나도 사줄 수 없었다. 그래서 산재 승인 소식을 듣고 제일 먼저 아이와 함께 마트에 가 장난감을 사주었다.

아이가 초등학교에 입학하면서는 아빠의 죽음을 친구에게 얘기하지 않으면 좋겠다고 몇 번이고 얘기하며 다짐을 받앞다. 그리고 아이는 처음으로 아빠의 죽음을 의식하기 시작했다. 친구들과 어울리면서 친구에게 아빠가 있는 걸 많이 부러워했다. 아빠를 만들어달라는 말까지 했다. 어느 날은 친구가 "너 아빠 없지? 죽었어?"라고 묻기에 그렇다고 얘기했다고 한다. 듣는 순간 당황했는데 아이는 오히려 잘됐다고, 그동안 감추고 있어 답답했는데 속이 시원하다고 했다. 이 일을 담임 선생님과 상의하고서 아이가 이미 가족 소개 발표에서 당당하게 사실을 말했고 반 아이들도 자연스럽게 받아들였다는 사실을 알게 됐다. 그동안 아빠 없는 아이라는 말을 듣기 싫어 어른에게 예의 바르게 행동하고 학습에 뒤처지지 않도록 잔소리도 많이 했다. 또래 아이들과의 갈등이나 말버릇, 게임에도 민감했다. 하지만, 아이는 어른의 생각보다 훨씬 씩씩하게 잘 자란다. 남편이 없다는 열등감으로 남들 시선을 의식하다 보니 남보다 더 잘해야 한다는 부담을 아이에게 지웠다는 것도 깨달았다.

아들이 자라면서 대중목욕탕이나 물놀이장에 가기 어려워졌고 단둘이 여행하는 데에도 용기가 필요해졌다. 남들처럼 돈 벌어다 주는 아빠가 없으니 아이는 어릴 때부터 돈 쓰는 일에 민감해하기도 했다. 우리가 산재 유가족이고 매달 연금을 받는다는 건 아빠가 과로사했다는 말인데 어디까지 설명할 수 있을지 자신이 없어 얼버무렸다. 그리고 다정한 부부의 모습, 아빠의 사랑을 받아본 기억이 없다는 게 걱정되어 아빠가 우리를 정말 사랑했다고 자주 이야기해주었다.

언젠가 아이에게 모든 것을 정확하게 설명해야 할 날이 올 것이다. 그때 아이가 노동에 대해 왜곡된 의식을 갖지 않고 가장으로서의 책임감을 숭고하게 생각했으면 좋겠다. 그리고 너무 일찍 갑자기 떠난 버린 아빠를 원망하지 않고 감사함과 자랑스러움을 느끼길 바란다.

3‖ 산재 불승인에도 불구하고

유가족 박수정:
대학 교직원으로 근무하던 남편(40대 후반)이
잦은 배치전환 등 직장 내 괴롭힘으로 과로자살.

정말 힘든 시간이었다. 남편의 과로를 파헤쳐 산재 신청 의견서를 제출하는 과정이 모두 곤혹스러웠다. 남편의 기억을 끄집어낼 때마다 내 살을 헤집는 기분이었다. 하지만 남편의 억울함을 풀고 싶어 참고 또 참았다. 그렇게 간절히 바랐지만, 결과는 불승인이었다.

이제 어떻게 살아야 하나. 남편의 소득도, 산재 보상도 사라지니 길바닥에 나앉은 심정이었다. 불승인 통보는 생활비라도 받았으면 좋겠다던 내 생각이 사치라고 조롱하는 듯했다. 하지만 불승인을 슬퍼할 시간조차 허락되지 않았다. 고등학생, 대학생인 아이들을 위해 곧바로 구직을 시작했다. 사회복지사 자격증이 있던 터라 복지사로 취업해 남편의 죽음도 잊을 만큼 바쁘게 일했다. 일부러 일을 더 하기도 했다. 산재 불승인에 대한 현실 도피였다.

산재 불승인이 너무 억울했다. 남편은 분명 회사의 괴롭힘과 극심한 과로 때문에 그렇게 된 것인데 왜 아무도 내 말을 안 들어 줄까. 집에 혼자 있을 때면 가슴을 치며 울기도 했다. 남편의 죽음 이후 알고 지내던 유가족들에게 연락할 용기도 나지 않았다. 내 남편만 산재 인정을 못 받은 것 같아 마음이 좋지 않았기 때문이다.

그런데 어느 순간 남편이 이런 날 본다면 뭐라고 말할지 생각하게 됐다. 분명히 이런 모습을 바라진 않을 거라며 마음을 추슬렀다. 비록 남편의 죽음을 산재로 인정받지 못했더라도 내가 과로죽음으로 인정하고 사회에 계속 문제를 제기한다면 이것도 의미 있는 일 아닌가. 그래서 그와 같은 죽음이 다시는 일어나지 않길 바라며 활동하기 시작했다. 국회에서 열린 토론회에 과로죽음 유가족으로 참석해 발언했고 유가족 모임에도 적극적으로 참여했다. 그리고 용기 내 재심을 신청했고 재심마저 불승인된 현재는 소송을 진행하고 있다. 마음도 한층 성숙해진 것 같다. 혼자가 편했던 내가 다른 유가족에게 "산재 승인은 아직인데, 신청은 다 해봤으니 마음 편해요"라고 웃으며 말할 수도 있게 됐다. 소송 결과가 좋지 않더라도 받아들일 수 있을 것 같다.

이 글을 쓰고 있는 지금 이 순간에도 남편을 생각하면 눈물이 쏟아진다. 앞으로 남편의 죽음을 애도하며 과로죽음이 다시는 발생하지 않도록 이 사회에서 내가 할 수 있는 일을 할 것이다.

4 ‖ 우리 가족의 치유를 위해

유가족 김유미:
대기업 연구원으로 근무하던 형부가
희망퇴직 압박과 직장 내 괴롭힘으로 과로자살.

사라져버리고 싶다

형부의 죽음은 가족 모두의 마음에 변화를 가져왔다. 누구도 믿지 못하고 세상에 대한 불신으로 가득 찼다. 언니는 화장터에 다녀온 이후엔 울지 않았다. 그게 더 안쓰럽고 가여워 우리 가족은 언니를 무조건 이해하고 받아주려 했다. 하지만 하루에도 수십 번 변하는 언니의 감정에 장단을 맞추는 데 지쳐갔다. 이제 가족들도 조금씩 이해의 끈을 놓으려 했다. 가족 외에 도와줄 사람은 없었다. 우리가 뭉쳐서 이 순간을 헤쳐나가야 한다. 나는 가족이 해체되지 않길 바랐다. 괜찮은 척했지만, 너무 힘에 겨워 정신과를 찾았다. "내가 소진돼 없어져버릴 것 같아요. 그냥 없어지는 것도 좋고요. 그렇다고 죽고 싶은 건 아니고. 그냥 이 순간이 삭제됐으면 해요."

형부의 죽음에 관한 상황을 객관적으로 설명하며 도움을 구하고, 언론사와 인터뷰하고, 직장에 출근해 일하고, 퇴근해 다시 형부의 자료를 수집하고, 모아둔 자료를 정리하는 일상의 반복. 이런 일은 내가 원한 것이 아니었다. 가족 그 누구도 원하지 않았다. 처음에 언니는 산재 신청을 두고 고민했다. 산업재해인 건 맞지만, 엄두가 나지 않는다고 했다. 형부가 사망한 날 곧바로 산재임을 안 나는 당연히 산재 신청을 해야 하고, 내가 알아서 하겠다고 말했다. 내가 전부 맡아서 할 테니 절대 신경 쓰지 말라고. 제대로 정신을 차리지 못한 언니가 남편의 흔적을 하나씩 찾는 건 별로 좋은 일이 아니라고 생각했다. 그리고 하나뿐인 조카를 위해서라도 꼭 해내고 싶었다.

어느 날 언니가 산재 신청을 하지 않을 거고, 아이도 키우지 않겠다고 말했다. "입양 시설을 알아볼 거야. 나보다 좋은 사람이 잘 키워줄 수 있는 곳." 언니는 이 상황을 지워버리고 싶은 것 같았다. 산재는 그렇다 치고 자기가 낳은 자식을 버리겠다고? 급기야 정신이 나간 걸까? 조카를 안아 들고 절대 보낼 수 없다고 울먹였다. 건강하고 직장도 있는 내가 키우면 된다고, 먹고살기 힘든 것도 아닌데 아이를 포기하는 건 말도 안 된다고. 하지만 언니는 시설에 보내는 게 아이에게 더 좋을 것 같다고 했다. 나중에 아빠가 없다는 걸 안 아이가 고통

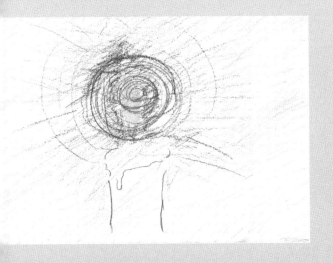

"형부가 돌아가신 후의 언니와 제 모습을 그렸
어요. 언니나 저나 형부의 명예 회복을 위해,
산재인정을 위해 밤낮 애쓰는 게 마치 작은 양
초가 자기를 희생하며 주변을 환하게 비추는
모습 같아요."

– 심리 치유 프로그램에서 김유미 씨가 그린 그림

받을 걸 생각하면 지금 보내는 게 낫다는 말이었다. 진심이 아니라고 생각하면서도 이해할 수가 없었다. 그렇게 옥신각신하고 불안감에 시달리며 한 달을 보냈다.

그동안 형부가 지내던 거제도에 내려와 언니와 함께 있던 엄마는 더는 여기 머물지 못하겠다고 했다. 사위가 살았던 곳에 있기도 힘들고, 반쯤 정신이 나간 언니에게 무슨 일이 일어나지 않을까 전전긍긍하는 게 너무 괴롭다고 했다. "차라리 내가 여기서 뛰어내려 죽어버리는 게 나을 것 같아. 이제 저 모습을 지켜볼 수가 없어." 다음날 엄마는 본가로 올라갔다. 나는 형부의 죽음 이후 왕복 8시간에 이르는 이곳에 한 달에 보름을 오갔는데, 신체적으로 힘에 부쳤어도 버렸던 건 부모님이 있어서였다. 하지만 엄마의 말을 들은 후 내게도 슬슬 한계가 오기 시작했다.

검은 바다 위에서 구조를 기다리며

무슨 일이 생길까 봐 양쪽 집을 다 걱정해야 했다. 극심한 불안 때문에 나도 어떻게 될 것만 같았다. 본가로 간 엄마와 연락이 닿지 않아 근무 중에 이모에게 전화했다. 빨리 우리 집으로 가서 엄마 좀 돌봐달라고. 가족 모두 아슬아슬한 줄 위에 올라타 있는 시간이었다. 밤늦게 엄마와 연락이 된 후 울기만 했다. 엄마는 미안하다고 했다. 나는 우리가 이 상황을 반드시 버텨낼 수 있을 거라고 말했다. 그러고 싶었다. 다음 날 엄마의 심리 치료를 위해 지역 정신보건센터에 연락했다. 하지만 엄마는 남의 시선도 신경 쓰이고 다른 누군가에게 내 상태를 설명하고 싶지 않다고 했다. 하긴 우리 가족 모두 그랬다. 항상 묵묵히 지켜봐 주어 괜찮을 줄 알았던 아빠도 마찬가지였다. 서로에겐 괜찮은 척하면서 속은 문드러지고 있던 거다. 내가 먼저 깨고 나와야 했다. 규칙적으로 상담 치료를 받고 산재 신청 준비도 착실히 했다. 주변 사람들은 산재 승인에 회의적이었지만, 나는 시간이 걸리더라도 반드시 승인될 거라고 말했다. 그리고 그렇게 믿기 시작했다. 불안한 가족들 마음에 부정적인 영향을 주고 싶지 않았다.

상담 치료를 받은 첫날, 의사는 여기에 온 것만으로도 반은 치료된 거라고 했다. 상황을 들은 의사는 언니가 한 치 앞도 보이지 않는 밤, 망망대해에 구명조끼 하나에 의지해 구조를 기다리고 있는 상태라고 비유했다. 답답하고 원망스럽던 마음이 풀리며 언니가 얼마나 두려울지 알 것 같았다. 부모님에게 전화를 걸어 의사가 말한 대로 언니의 상태를 설명했다.

우리 가족은 형부의 죽음 이후 매일 통화하고 언니 위치를 확인했다. 불안정한 상황에 놓이지 않도록 부모님은 언니를 헌신적으로 돌봤다. 언니는 입원 치료가 임박한 상황이었지만, 의사의 말에 따라 우선 상담 치료를 하며 지켜보기로 했다. 몇 달이 지나도록 언니의 상태가 눈에 띄게 좋아지지 않아, 이대로 평생 정신 이상으로 고통받는 건 아닐지 두려웠다. 의사는 적어도 1년 이상의 시간이 필요하고 그때까지 가족들의 도움이 필요하다고 했다.

우리 가족은 각자 자신을 치유하기 위해 나름대로 노력했다. 엄마는 상담을 거부한 대신 농작물 키우기에 몰두했다. 산재 신청 자료 준비에 온 정신을 쏟은 나는 6개월의 시간이 어떻게 지났는지 모를 정도였다. 집중할 무언가가 없으면 무너져내릴 것 같은 불안감 때문에 산재 준비에 더 몰입한 것 같다. 드디어 공단에 자료를 제출하고 나서는 부담감보다 후련함이 컸다.

5 ‖ 아빠가 없는 자리

유가족 송유진:
중소기업 생산직으로 근무하던 아버지(50대 중반)
가 극심한 과로로 사망.

산재를 준비할 때 나는 내가 아니었다. 내 감정에 집중하거나 표현할 수 없었다. 그게 중요하지도 않았으니 뒤로 제쳐두었다. 출근하고 친구들도 만나며 평소와 다름없이 생활했지만, 아빠의 부재는 경제적으로도 큰 타격이었다. 사회 초년생인 동생과 내가 반년 이상 생활비를 부담하기는 쉽지 않았다. 그러니 무슨 일이 닥치든 아빠를 생각하게 됐다. 이런 많은 일을 우리 셋이 나눠서 하기도 힘든데 지금까지 아빠가 모든 걸 혼자 감당했다고 생각하니 가슴이 아렸다.

산재 신청을 마치고 며칠 뒤, 긴장이 풀렸는지 엄마는 건강이 나빠져 입원했다. 금방 완쾌할 병이 아니라 엄마마저 일찍 돌아가시는 건 아닌지 무척 불안했다. 집에 계신 엄마와 잠시 연락이 닿지 않으면 수없이 전화하거나 집으로 달려가기도 했다.

동생도 걱정거리였다. 아빠가 돌아가신 후 동생은 집과 멀리 떨어진 직장에서 근무를 시작했다. 하지만 입사 몇 달 만에 회사를 그만두고 싶다고 말했다. 자기 꿈과 다른 길이고 너무 힘들다는 이유였다. 처음에 엄마와 나는 진득하게 다녀보라고, 남들은 평생직장이라며 부러워하는 곳이니 다시 생각해보라고 했다. 그러다 문득 깨달았다. 바로 우리가 과로사 유족인데 우리 집에 제2의 과로사가 일어나선 안 된다는 걸. 그 후론 그곳에서 계속 일하라고 강요하지 않았다.

아빠가 돌아가신 후 맞이한 명절은 너무 어색했다. 아빠 없는 자리에 친척들과 함께 있을 필요가 있을까? 이제는 우리 세 식구가 서로에게 집중하기로 하고 우리만의 시간을 보내기 위해 명절 왕래를 끊었다.

시간이 지나도 일상 곳곳에 과로사의 트라우마가 자리한 것 같다. 상담을 받으며 아빠를 충분히 애도하고 내 상태도 많이 나아졌지만, 사건의 기억은 없어지지 않았다. 마치 상처가 아문 자리에 남은 흉터처럼.

"우리 가족이에요. 아빠는 큰 그림자처럼 그렸어
요. 아빠는 하늘나라에 계시지만, 그림자처럼
우리 가족과 함께 있고 엄청나게 큰 존재예요."

– 심리 치유 프로그램에서 송유진 씨가 그린 그림

6 ∥ 이제 내가 대신 할게

유가족 김민영:
중소기업 생산직으로 근무하던 남편(50대 중반)이
극심한 과로로 사망.

아직도 그들이 밉다

"산재가 승인되었습니다." 공단 직원에게 전화가 왔다. 드디어 승인이다. 달리고 달려 결국 인정받았다. 내 남편은 바보같이 죽은 게 아니라 성실하게 책임을 다하다가 죽은 것이다. 승인 후 통장에 돈이 들어오고 나니 안도감이 먼저 들었다. 산재를 준비하며 노무사 선임 비용을 비롯해 많은 경제적 문제에 시달렸는데 솔직히 말하자면 숨통이 트이는 기분이었다.

산재 결과를 기다리며 승인만 된다면…이라는 가정을 매일 했다. 경제적인 문제만은 아니었다. 산재를 준비하며 겪은 두려움, 배신감, 초조함과 같은 고통에서 벗어날 수 있을 거라는 기대였다. 하지만 산재 승인 이후 또 다른 벽에 부딪혔다. 산재 절차와는 별도로 민형사상 책임을 가리기 위한 회사와의 합의 과정이었다. 유가족은 산재보험 외에 회사와 합의금을 조정하는 절차를 밟을 수 있다. 필수는 아니지만, 적어도 우리에게 그런 권리가 있다는 걸 처음엔 몰랐다. 법률 전문가로부터 합의에 관해 듣고 또 고민이 시작됐다. 합의금은 유족이 정해야 하는데, 과연 얼마를 제시해야 하나? 합의 절차나 액수 산정에 관해 무지했던 나는 변호사님에게 의지, 아니 의존할 수밖에 없었다. 하지만 회사 측에선 법률 대리인을 빼고 유가족과 직접 이야기하고 싶다는 의사를 전해왔다. 두려웠다. 다시 그들과 마주해야 한다니….

남편이 다녔던 회사를 생각하는 것만으로도 너무 아팠다. 피하고 싶었지만, 남편이 이승에서 마지막으로 머물며 숨 쉬던 공간에 들어갔다. 회사와의 합의 과정은 다시는 생각하고 싶지 않을 만큼 아팠다. 남편의 죽음에 관한 상처를 들추고, 돈 액수를 놓고 올리고 낮추며 줄다리기하는 형국이었다. 회사에 다녀온 날은 우울하고 마음에 구름이 낀 것처럼 먹먹했다. 남편이 죽도록 성실히 일했던 장소에서, 내 남편이 열심히 일하길 바랐던 그들과 남편의 죽음에 관해 이야기하는 일은 말로 표현할 수 없을 만큼 힘들었다.

남편의 과로죽음 이후 산재 과정을 거치며 속으로 수없이 회사 사람들을 원망했다. '너희도 똑같이 당해 봐.' 동료의 죽음을 나 몰라라 하는 사람들이 미웠고 남편이 뼈 빠지게 일한 회사도 꼴 보기 싫었다. 하지만 합의하러 나온 회사 측 사람들도 이런저런 사연과 입장이 있었다. 아버지가 산업재해로 돌아가셨다는 분도 있었고 회사 사장의 아들은 몇 년 전 의료사고로 떠났다고 했다. 물론 그렇다고 내가 회사 측 사람들을 온전히 이해한 것은 아니다. 아직도 나는 그들과 그곳이 밉다.

합의 과정에서 마음이 흔들리기 시작하자 남편을 기준으로 생각하기로 했다. 남편이라면 어떤 결정을 했을까. 3주 동안 고민하다 결론을 내렸다. 남편이라면 얼토당토않은 요구나 무리한 결정을 하지 않았을 것이다. 그렇게 어렵다는 회사 입장도 생각했을 것 같다. 그래서 결국 적정한 선에서 합의를 마무리했다. 회사 측과 여러 차례 줄다리기하며 남편의 죽음에 대한 책임을 철저히 묻자는 욕심이 났던 것도 사실이지만, 남편답게 결정했다고 생각하니 후회는 없다.

잘 살아낼 것이다

삶의 목표와도 같았던 산재 승인을 이루고 나니 허전하고 무기력했다. 합의까지 모두 마무리되고 온전히 나를 추스를 시간이었지만, 그제야 남편의 빈자리가 느껴지며 또 다른 생각이 자리 잡았다. 그동안은 산재 승인만 되면…, 합의만 마무리되면…이라는 생각에만 몰두했는데 정작 할 일을 마쳤다고 생각하니 마음은 자꾸 남편이 있던 시절로 돌아갔다. 이때쯤에 우린 이랬지, 일 년 전엔 남편이 내 옆에 있었는데. 절절한 추억과 그리움은 남편의 건강과 생활을 돌보지 못했다는 자책과 후회가 되어 과거에서 허우적대게 했다. 남편의 과로죽음이 온몸으로 체감되고 한동안 심하게 앓았다. 몸과 마음을 산재 절차에 쏟아붓는 동안엔 심신이 아픈 줄도 몰랐고 남편의 죽음을 온전히 느끼지도 못했나 보다. 산재를 준비하면서는 내가 버려야 한다는 생각에 부지런히 밥을 해 먹으며 살았는데, 남편이 맛있게 먹던 모습이 생각나 이제 도저히 음식을 만들 수 없었다. 눈이 떠지면 일어나고 깨어있는 시간은 오로지 남편을 그리워하며 하루하루를 보냈다.

"띵동" 알림음과 함께 여느 달처럼 남편의 '목숨값'이 입금됐다. 매월 25일에 들어오는 그 돈은 노무사님 말처럼 효자 노릇을 한다. 돈이 들어올 때마다 남편에게 감사한다. 그가 헛살지 않았다는 증거이지만, 당연히 마냥 달가울 수는 없다. 누구나 그렇겠지만, 남편이 다시 돌아올 수만 있다면 이 돈의

천 배, 만 배를 되돌려줄 수 있다. 무슨 수를 써서라도 내 모든 것을 다 내놓고 남편을 데리고 오고 싶다. 최소한 남편의 목숨값을 신중하게 쓰자고 생각했다. 그냥 먹고사는 게 아니라 어떻게 잘 살 것인지 하는 배부른 고민을 시작했다. 자식들을 건사하며 잘 살아내, 남편을 만나면 칭찬받고 싶다는 욕심이 생겼다.

산재를 준비하며 상처받아 닫았던 마음을 열고 밖으로 나갔다. 모임에도 나가고 다른 유가족이 어떻게 지내는지도 살폈다. 정신이 번쩍 들었다. 남편은 결코 다시 돌아올 수 없다. 과거에 잠겼던 생각을 현실로 되돌려 잘 붙들고 남편이 없는 오늘을 열심히 살고자 부단히 노력한다. 버킷리스트를 만들고 영어 공부도 시작했다. 영어를 꽤 잘하던 남편과 해외여행을 다니고 싶었는데 이제 남편이 없으니 나 혼자 준비해야 한다.

2.
우리가 과로죽음에 맞서는 이유

남은 사람들이 일상을 유지하는 것은 매우 중요하다. 그 사람이 곁에 없다고 생각하면 일상을 유지하는 것이 무슨 의미가 있을지 자괴감이 들고 무기력해질 것이다. 그러나 일상생활은 고인의 부재에 적응하도록 돕는다. 일상의 반복은 앞으로 해결해나가야 할 많은 과제에 적극적인 지원군 역할도 한다. 사건 이후 시간이 지나 삶이 안정 궤도에 들어서도 다양한 감정이 나타날 수 있다. 신체적 이상이나 공허함, 감정 기복 등 이상이 생기면 몸과 마음의 상태에 더욱 주의를 기울이고 생활을 잘 챙길 차례다. 특히 남겨진 다른 가족이 힘들어하거나 일상이 무너진 모습을 보면 더 불안해지고 갈등을 빨리 수습하고 싶을 테지만, 이는 단시간에 해결되는 것이 아니니 시간을 두고 함께 치유하도록 노력하자.

우리 모임의 유가족 중에는 우울증이나 불면증을 제대로 치료하지 않고 시간이 꽤 흘러서야 상태를 파악해 긴 치료 기간에 힘겨워하는 분들이 있다. 가까운 사람의 과로죽음 앞에서 절망감을 누르고 나를 돌볼 여유도 없이 사건 처리와 산재 준비를 도맡아야 했으니, 그리고 결과를 기다리며 단단한 마음을 유지해야 했기 때문이다. 게다가 산재 신청에 비협조적인 기업의 태도가 정신적 긴장과 피로도를 더욱 심화시키기도 한다. 산재 신청을 마친 후 더 공허하고 우울해졌다는 사례도 많다. 하지만 산재 진행 과정에서 큰 비용을 들이는 유가족이 별도의 심리 치료를 받는 것은 부담이 될 수밖에 없다. 이렇다 보니 대부분의 과로죽음 유가족은 정신건강을 돌보기 쉽지 않고 치료 시기를 놓쳐 상태가 악화하는 경우도 종종 발생한다. 가족의 과로죽음, 정신 건강을 위한 약 복용이나 상담 치료에 대한 사회적 낙인도 치료를 꺼리는 이유가 된다.

　죄책감과 울분은 유가족으로서 당연하게 드는 감정이고, 과로죽음 이후 시간이 얼마나 지나든 상관없이 나타난다. 그러니 그 감정에서 벗어나려 조급해하지 않아도 괜찮다. 오히려 이 감정을 분명히 인식하고 이야기하며 고인을 애도

하는 시간을 가져야 한다. 이는 빠를수록 좋다. 현재의 마음 상태를 알고 치유하는 일을 산재 승인 이후나 모든 절차가 끝난 다음으로 계속 미루면 굳을 대로 굳은 마음을 녹이기 쉽지 않을 것이다. 지역별로 제공 기간과 지원금이 다르긴 하지만, 무료 심리 치료를 제공하는 정신건강보건센터를 활용하는 방법도 있다.

한편, 고인에게 어린 자녀가 있다면 아버지 혹은 어머니의 죽음을 어떻게 설명해야 하는지, 부모 중 한 사람의 부재로 인한 부족함을 어떻게 채워주어야 할지 다른 가족들은 매우 고민한다. 아이에게 죽음을 알리는 일은 중요하다. 거짓말하면 안 되고 왜곡해서도 안 된다. 아이의 나이에 맞는 동화나 영화를 통해 죽음에 관한 인식을 심어주고 이야기를 시작하는 것도 좋다. 아울러 한부모 가정, 조손가정, 다문화 가정 등 다양한 가족의 형태를 알려주고 우리 가정의 바뀐 삶에 대해서도 아이에게 말해주어야 한다. 과로죽음으로 돌아가신 아버지나 어머니를 아이와 함께 애도하는 것은 아이의 마음속에 고인을 잘 새기는 일이다.

남겨진 사람들은 과로죽음 이후 변화한 삶, 고인이 없는 일상의 어려움을 헤쳐나가기 위해 나름대로 방법을 찾는다.

중요한 것은 이런 변화를 받아들이고 그 중심에서 자신의 진정한 마음 상태에 귀를 기울이는 일이다. 물론, 이는 단기간에 가능한 것은 아니다. 과로죽음이 유가족에게 가져오는 인생의 커다란 전환점에서 그 방향은 유가족마다 다르다. 유가족 김민영 씨는 남편의 과로죽음 이후 새로운 삶을 계획하고 있다. 시간이 흐르며 남편의 부재가 더 절실하지만, 남편이 하지 못했던 일에 혼자 도전해보기로 했다. 또 다른 유가족은 얼마 전 동네에 작은 식당을 열었다. 아직 온전히 치유되지 않았어도 세상을 향해 한 발짝이라도 나아가보려고 한다. "혼자 가만히 있다가도 눈물이 뚝뚝 떨어져요. 남편이 너무 가엾고. 하지만 우리 딸이 있잖아요. 아이가 마음의 상처 없이 잘 자랄 수 있게 제가 용기를 내야죠."

가족의 죽음이라는 갑작스러운 암초를 딛고 당당히 인생을 재설계해 평범한 삶으로 돌아가는 것은 아주 값진 변화다. 이 책을 쓴 유가족들은 외국어 재능을 살려 다른 나라의 과로죽음 실태를 알리는 책의 번역을 하거나 과로사회에 관해 더 깊게 고민하고자 학문의 길로 들어서기도 했다. 여전히 가족의 죽음으로 인한 고통에서 완전히 헤어나오지는 못했지만, 살아가기 위해 엄청난 용기를 낸다. 고인의 죽음을 업무상 재해로 인정받지 못했더라도 고인이 과로 때문에 사망에 이르렀음을 남겨진 우리가 인정하고 변화를 모색한다면 매우 훌륭한 일이다. 유가족 박수정 씨가 신청한 산업재해는 불승인되었지만, 박수정 씨는 계속 다양한 사회활동을 하고 있다. 취약계층을 위한 활동을 하는 그는 지금의 일이 남편의 과로죽음과 산재 불승인이라는 부당한 현실에 작은 위안이 된다고 말한다.

남겨진 우리가 과로죽음에 당당히 맞서고 새로운 인생으로 도약한 것은 과로죽음의 사회적 책임을 말하고 싶어서다. 과로죽음은 개인의 나약함이나 무능력함으로 인한 것이 아니라 과로를 양산하는 사회 때문에 생긴다는 것을 드러내고, 기업과 정부가 회피한 과로죽음 문제를 많은 사람이 인식해 앞으로 노동자들의 업무 환경에 긍정적 변화가 생기길 바라서다. 고인을 애도하는 한편 과로죽음과 관련한 여러 활동을 하는 것은 유가족이라는 지위를 넘어 보통의 한 사람으로 삶을 꾸려가는 데에도 큰 의미가 된다.

거듭 말하지만, 가족의 과로죽음은 나의 탓이 아니다. 사회적 죽음이다. 우리의 목소리가 과로죽음을 미처 세상에 알리지 못하고 홀로 남겨진 이들의 회색빛 마음에 가닿아

한구석을 밝히길 바란다. 그런 희망으로 우리는 한걸음씩 나아가고 있다.

나가며

　노동자가 안전하고 건강하게 일할 권리. 우리가 함께 모여 책을 쓰고 세상에 내놓는 지금 이 시점에도 우리의 이런 당연하고도 지당한 바람은 조금 먼 이야기인 듯하다.

　최근 한국사회는 '중대재해처벌법'으로 떠들썩했다. 2017년 정의당에서 '재해에 대한 기업 및 정부 책임자 처벌에 관한 특별법'으로 발의했고, 4년이 흐른 2021년 1월 8일 임시국회에서 통과되었다. 이 법을 둘러싼 논란이 여전히 많지만, 노동자가 건강히 일할 더 나은 환경을 만드는 데 초석을 다졌다는 점에는 의미가 있다. 이를 위해 노력하는 많은 분에게 진심으로 감사하다.

　하지만 정의당 및 시민운동본부에서 제안한 법안과 비교했을 때 건강한 노동환경을 위해 절실히 필요한 많은 부분이 법안 논의과정에서 빠졌다. 열심히 일하다 고인이 된 가족을 둔 우리 입장에서는 아프고 아쉽다. 본문에도 강조했지만, 과로죽음의 주요 원인 중 하나는 직장 내 괴롭힘 등의 그릇된 조직문화다. 그런데 이런 조직문화 관리를 경영자의 위험관리 의무 중 하나로 명시한 부분이 삭제되었다. 명확한 인과관계가 없어도 추정을 통해 사업주 또는 경영 책임자 등에 책임을 부과할 수 있다는 인과관계 추정조항 역시 삭제됐다. 이와 함께 관리·감독 의무를 소홀히 한 공무원을 처벌할 수 있도록 한 공무원 처벌조항도 사라졌다. 5인 미만 사업장은 아예 적용에서 제외되었다. 당초 '대표 및 이사'로 못 박아 두었던 경영책임자의 정의는 안전보건 담당자라는 표현으로 완화되었다. 처벌의 수위도 낮아져 처벌의 하한을 두었던 부분이 상한 규정으로 변경되었다.

하지만 여전히 우리는 이런 움직임 자체를 뜻깊게 보았고, 한국사회가 나아갈 방향을 제시하는 데에 우리 역시 함께하고 싶다고 생각한다. 이웃 나라 일본은 과로죽음 유가족들의 목소리를 반영해 2014년 과로사방지법을 제정했고, 과로죽음 방지가 분명 국가의 책임이며 효과적인 대책 마련을 위해 노력을 다해야 한다고 명시했다. 10여 년 동안 일본의 유가족 한 사람 한 사람이 목소리를 낸 결과다. 우리 사회에서도 과로죽음 문제와 관련해 더 많은 공론화가 이뤄져야 하고 이를 토대로 과로죽음을 실질적으로 막을 수 있는 제도 개선이 뒤따라야 한다.

열심히 일하다 죽을 수 있다. 우리가 증인이다. 더는 과로죽음이 생기지 않도록 함께 노력하고 바꿔나가야 할 때다. 이 책은 그 기나긴 우리 여정의 첫걸음이다.

그리고 이 책은 정말 많은 분의 도움으로 완성되었다. 마지막으로 그 모든 분에게 감사의 마음을 전한다.

2021년 1월
한국과로사 · 과로자살유가족모임

후기

한국과로사 · 과로자살유가족모임을 운영한 지 3년여가 지났다. 모임을 운영하며 많은 과로죽음 유가족과 마음을 나눴다. 이제 막 과로죽음 사건을 맞닥뜨린 유가족들이 궁금해하는 부분은 거의 비슷하다. 이를 정리해 아직 우리가 만나지 못한 수많은 유가족에게 도움을 주고 싶었다. 이 책이 부디 많은 분에게 읽히길 바란다.

– 강민정

내가 과로죽음에 관한 글을 쓴다고 하니 누군가는 굳이 그럴 필요가 있느냐고 말렸다. 이미 산재 승인도 받았고 지금까지 고생했으니 그냥 조용히 지내야 앞으로 문제 되지 않을 거라는 말이었다. 그럴 마음이 없던 건 아니다. 회사의 압박이나 주변 시선을 잘 넘길 기회도 있었다. 하지만 내게 있던 불합리한 일들이 다시는 일어나지 않길 바라는 마음이 더 컸다. 직장에서 일하는 노동자의 한 사람으로 내가 변하지 않으면 안 된다고 생각했다. 그리고 행동으로 보여주고 싶었다. 해봤자 안 된다는 사람들에게 우리는 더 나은 환경에서 일할 권리가 있고, 그걸 찾아야 한다고 말하고 싶었다. 마음대로 권력을 휘두르는 회사의 행태를 묵과하고 싶지 않았다. 나 혼자였으면 쉽지 않았을 테지만, 함께하는 유가족모임 사람들이 있어서 포기하지 않고 글을 완성할 수 있었다. 1년에 걸친 작업이 완성되어 더할 나위 없이 기쁘다. **– 배고은**

＝

변호사로서 유가족모임에 참여하며 유가족들에게 정보를 잘 전달할 방법을 늘 고민한다. 산업재해와 관련된 지식을 받아들이고 활용할 수 있도록 쉽게 쓰려 노력했으나 이 역시 쉽지 않았다. 이 책이 단 한 사람에게라도 도움이 되길 바란다. **– 손승주**

＝

유가족모임에 처음 참여했을 때는 노무사로서 산재 신청과 관련한 지식을 전달하는 것이 주된 목적이었지만, 지금은 내가 그동안 느끼지 못한 마음의 상처를 함께 나누는 기분이다. 모임에 참여할 때마다 내가 과연 이들에게 도움이 될 수 있을지 의문이었는데 부족하나마 출간 작업까지 참여하게 되어 영광이다. 산재 신청과 절차에 관한 지식을 어떻게 하면 쉽게 전달할 수 있을지를 가장 고민했다. 많은 분이 노력한 만큼 이 책이 유가족들에게 도움이 되길 바란다. - **이진우**

≡

동생의 죽음 이후 나를 긴장시키는 질문이 있다. "형제 관계가 어떻게 되세요?" 상대방은 대수롭지 않게 던진 질문이겠지만, 나는 머릿속이 복잡해진다. 외동이라고 말할지 아니면 동생이 하나 있었는데 지금은 없다고 설명해야 할지. 어떻게 대답하더라도 내 마음은 편치 않다. 나는 이제 동생이 없다. 고통스러운 현실을 새삼 깨닫게 만드는 그 질문이 싫다.

동생 없이 지낸 시간이 벌써 3년이 넘었다. 시간은 잔인할 만큼 무심하게 흐른다. 장례식 직후부터 동생이 죽은 이유를 꼭 알아야겠다는 일념으로 시작한 일이 지금에 이르렀다. 매일 아침 눈을 뜨자마자 눈물 바람으로 하루를 시작하던 예전과 달리 요즘은 우는 일이 잦지 않다. 하지만 일상에서 동생의 기억이 불쑥 떠오르면 눈물은 어김없이 쏟아진다. 상처는 마치 아문 듯하다가도 어느샌가 찢긴 부위에 다시 피고름이 배어 나오고 그때처럼 생생하게 아픔이 느껴진다.

동생과 함께했던 기억이 아주 먼 옛날처럼 느껴질 때가 있다. 사람은 고통스러웠던 기억을 스스로 머릿속에서 지워버린다고 하던 데 나는 동생에 대한 기억이 희미해질까 두렵다. 죽음이란 결국 잊히는 것과 같다. 동생이 마치 이곳에 존재하지 않았던 사람처럼 잊히는 것이 싫다. 내가 이 책 작업에 참여한 이유는 과로죽음의 문제점과 유가족이 맞닥뜨리는 낯선 현실을 알리기 위해서지만, 한편으론 이를 통해 동생을 기억할 수 있기 때문이다. 이것은 동생을 위한 일이고 궁극적으로 나를 위한 일이기도 하다. **– 장향미**

＝

요즘 자주 야근한다. 몇 주 동안 계속. 주말에도 출근했다. 과로사 방지를 위해 글을 쓰고 있는 내가 이렇게 과로하는 건 맞지 않는 것 같다. 그래서 오늘만큼은 제시간에 퇴근해 집에 왔다.

보고서 작성을 위해 예전 산재 자료를 찾고 있었다. 근로복지공단에 출석했을 때의 기록을 꺼내다 다른 무언가를 발견했다. 엄마가 짧게 써둔 유서 같은 메모였다. 감정 표현에 서툰 나는 왜 이런 걸 써놓았냐며 애써 웃어넘겼다. 다른 자료를 뒤적이면서도 메모 생각이 떠나지 않았다. 엄마는 메모 마지막줄에 이렇게 써놓았다. "한순간에 가버린 남편을 보며 언제 너희 곁을 떠날지 모르는 내가 작성함." 상상도 하기 싫은 그 순간이 지금 닥친 것만 같아서 너무 슬펐다.

야근하는 것도 모자라 늦게까지 술을 마시던 내가 너무 잘못했다. 계속 과로에서 벗어나지 못하는 내가 안쓰럽기도 하다. 남아있는 가족들끼리 더 아껴주려 노력하며 살아가는 게 참 힘든 일이었다. 가족의 소중함을 알고 나니 이미 늦었다. 이제라도 놓치지 않으려면 가장 소중한 것이 무엇인지 알아야 한다. 그리고 행동해야 한다. 더는 슬퍼하기 싫다. **– 채유경**

===

직업환경의학 의사로 많은 산재 피해자와 그 가족들을 만나왔지만, 가까운 자리에서 직접 지원하는 역할은 별로 맡지 않았다. 적당한 거리에서 '전문가'로서 할 일을 하는 게 족하다고 생각해왔다. 그런데 의사가 아닌 '활동가'로서는 적당한 거리 유지가 쉽지 않게 되었다. 힘든 고비를 함께 넘으니 평소에도 걱정되고 일 없이도 연락하는 유가족들이 생겼다. 그 가족들이 비슷한 다른 사람들을 만나고 다시 일어설 힘을 냈으면 하는 마음에 함께 한국 과로사·과로자살유가족모임을 찾았다.

모임에서 더 많은 가족과 지원활동가들을 만나고 몇 달 동안 많은 이야기를 들었다. 전문가가 유가족을 어떻게 힘들게 할 수 있는지 너무 생생히 들여다보게 되어 불편하기도 했고, 미처 살피지 못했던 제도의 맹점도 배웠다. 서로 아주 다른 반응이 터져 나오기도 했고, 모두가 깜짝 놀랄 만큼 비슷한 경험을 나누기도 했다.

이 이야기를 모아 전하는 것이 우리 모두에게 중요하리라는 생각이 들었다. 무엇보다 이야기로, 글로, 토론으로 함께 작업해온 유가족들에게 힘이 되기를 바랐다. 유가족모임에서 다시 일어설 힘을 얻은 가족들이 이 작업 이후로 한 걸음 내디딜 힘을 얻기를 바란다. **– 최민**

그리고 우리가 남았다

2021년 3월 22일 초판 1쇄 발행
2021년 7월 29일 초판 2쇄 발행

지은이	한국과로사 · 과로자살유가족모임
기획	한국노동안전보건연구소
편집	최인희 조정민
디자인	이경란
인쇄	도담프린팅
종이	타라유통
펴낸곳	나름북스
등록	2010.3.16. 제2014-000024호
주소	서울 마포구 월드컵로15길 67 2층
전화	(02)6083-8395
팩스	(02)323-8395
이메일	narumbooks@gmail.com
홈페이지	www.narumbooks.com
페이스북	www.facebook.com/narumbooks7

ⓒ 한국과로사 · 과로자살유가족모임, 2021

ISBN 979-11-86036-62-4 (03330)
15,000원